チャコのゴルフ人生
その軌跡

Higuchi Hisako
樋口久子

東京新聞

チャコのゴルフ人生――その軌跡　目次

第一章 プロへの道と中村寅吉先生

第二章 プロゴルファーとして

第三章 切磋琢磨

第一章 プロへの道と中村寅吉先生

丈夫な体

「きょうは母の誕生日です。お母さん、見ていますか。健康で丈夫に産んでくれてありがとう」

これは一九八七年のヤマハカップレディースでプロ通算70勝目を挙げたときの優勝スピーチ。手首やひじ、肩、腰などに持病を抱えているプロゴルファーが多いなか、当時四十歳を過ぎていた私は元気そのもの。けがとは無縁でした。

生まれたのは小江戸と呼ばれ、蔵の街並みが美しい埼玉県の川越市。誕生日は終戦間もない四五年十月十三日。いつも「戦後生まれ」を強調しています。

父武夫、母安代の五女で、兄弟姉妹は全部で八人。下には弟と妹がいます。兄弟が多いこともあって自由奔放に育ちました。

私、生まれて数カ月で百日ぜきにかかったそうです。薬もほとんどない時代で、母がモウソウ竹を煎じて飲ませてくれました。下に寝かせるとタンが絡んで窒息死すると、母が三日三晩抱いていてくれたそう。感謝しています。でも、病気らしい病気はこれだけ。大病を乗り越えたおかげで丈夫になったようです。

家の中でレース編みや裁縫など細かい作業が好きなおとなしい女の子でした。祖母がお針の先生で良家の娘さんが多く通っていました。母も上手で、その血を受け継いだのかも。

当時の遊びの場といったら家の周り。小学校に入るころ、石けり遊びをしていて、男の子がけった石が右目に当たったことがありました。黒い瞳の外側だったので失明は免れ、後遺症

筆者７歳のときの七五三の写真＝埼玉県川越市の写真館で

もなかったのですが、眼球には今でも傷があります。

川越市立富士見中学校に入り、走るのは速かったので陸上競技を始めましたが、あまり練習に身が入らず、よくサボりました。ある日、陸上部の先生が心配して家に来て「伸びる子ですから練習に来るように言ってください」と母親に話しているのを聞きました。そのときに感じたんです。「やはり練習は必要なんだ。自分のためにも」と。それからは真剣に取り組みました。

結果、埼玉県大会という大舞台で80メートルハードル2位につながりました。この成功経験がプロゴルファーの私をずっと支えてきたのです。努力は裏切らないんです。

出会い

ゴルフと出会ったのは高校に入ってからです。

今の若いプロゴルファーの多くは、小学生のころにクラブを握り、コースを回っています。早い子になると小学校に入る前から始めてます。それを思えば随分と遅いような気もしますが、あの時代にゴルフをする女性は非常に少なかったのです。

きっかけは「陸上競技をさらに磨き、将来はオリンピックにも」。そんな夢を描いて東京の世田谷区にある日本女子体育大学付属の二階堂高校に進学したことでした。

川越から通学するには時間がかかりすぎるので、世田谷に住んでいた長姉明子の下から通いました。近所には友だちがいないので、休みになると姉が勤めていた東急砧《きぬた》ゴルフ場に遊びに行くようになりました。現在の砧公園のある場所です。

姉は仕事で私の相手はできません。「これでボールでも打っていなさい」とドライバー一本を渡され、ゴルフ場内の練習場で面白半分

ゴルフと出会った高校生のころ

で打っていました。でも思うように打てない。打てないからまた夢中で打つ。これがゴルフとの出会いでした。

陸上競技のために進学した高校でしたが、先輩、後輩のあつれきが嫌になり、ゴルフが面白く感じだした一年生の後半に陸上部を退部してしまいました。クラブ活動がなくなったのだから、以前より時間が余り、その分をゴルフの練習に充てられました。

高校三年のとき、このゴルフ場に取材に来たスポーツ新聞の人から誘われました。「ジュニアの大会があるから出てみない。高校三年が最後のチャンスだよ」。

突然言われても……。私は練習場でただ打っているだけ。自分のクラブセットがないし、コースを回ったこともほとんどない。アプローチって何？　というレベル。それでも出ました。

姉が協力してくれました。クラブをかき集めてきてセットを作り、当日はキャディーもしてくれました。女子は私を含めて六人。成績は六番、ビリでした。ハーフで52か53のスコア。散々なデビュー戦でした。

プロを目指す

ゴルファーになろうと思ったのは、高校三年で進路を決めるとき。大学へ進学するのはクラスでも半分いるか、いないかぐらい。体育系の高校なので就職率は良かったけれど、机に向かって事務をとるというタイプではないし、デパートで「いらっしゃいませ」と笑顔を振りまけるタイプでもありませんでした。

迷う私に姉が一言。「運動が好きだから、プロゴルファーにでもなったらどう」。それを聞いて「そうだね、そうしよう。二、三年やってだめなら、ほかの道に進んでもいいし……」とその気になったのです。

でも、女子プロゴルファーのイメージが全然わきませんでした。当時も女子プロはいましたが、今のようにプロテストを受けて、プロとして公認される制度がなかった。それができるのは数年たってからでした。

姉たちがゴルフ場で働いていたから、親もゴルファーになることには反対しませんでした。反対はしなかったけれど、心の内ではずっと心配をしていてくれたのです。母は、私がプロゴルファーになってからも「腹をたてるな」「てんぐになるな」「勝ちたい気持ちを抑え、一日無事で過ごせるよう祈りなさい」と声をかけてくれました。

私の志望を知った中村寅吉先生が「プロゴルファーになるなら、俺のところにこい」と誘ってくれました。砧ゴルフ場のヘッドプロだった中村先生は、埼玉県の東松山市にある川越カントリークラブの社長もしていて、そこの手伝いをしながらゴルフを学ぶ機会を与えてくれたんです。

ゴルフ場勤務の姉を通じて中村先生と初めて会ったのは小学五年生のころです。一九五七（昭和三十二）年に、川越の霞ケ関カンツリー倶楽部《くらぶ》で開催されたカナダカップで、先生が個人と団体で優勝する前だと思います。最初の印象は怖いおじさんでしたが、先生がいたからゴルフの道を選んだともいえます。

高校を卒業すると川越の実家に戻って毎日、東松山まで通勤しながらプロへの道の第一歩を踏み出しました。

恩師の教え

　川越カントリークラブに勤務して、中村寅吉先生から本格的なゴルフ指導を受けるようになりました。一九六〇年代半ばのことです。

　あの時代、目で盗んで覚えろというのが当たり前でした。でも、中村先生はグリップの握り方からスタンスの取り方など、基本から細かく教えてくださった。ゴルフ界の発展に心を砕き、女性ゴルファーの進出にも理解があったからでしょう。

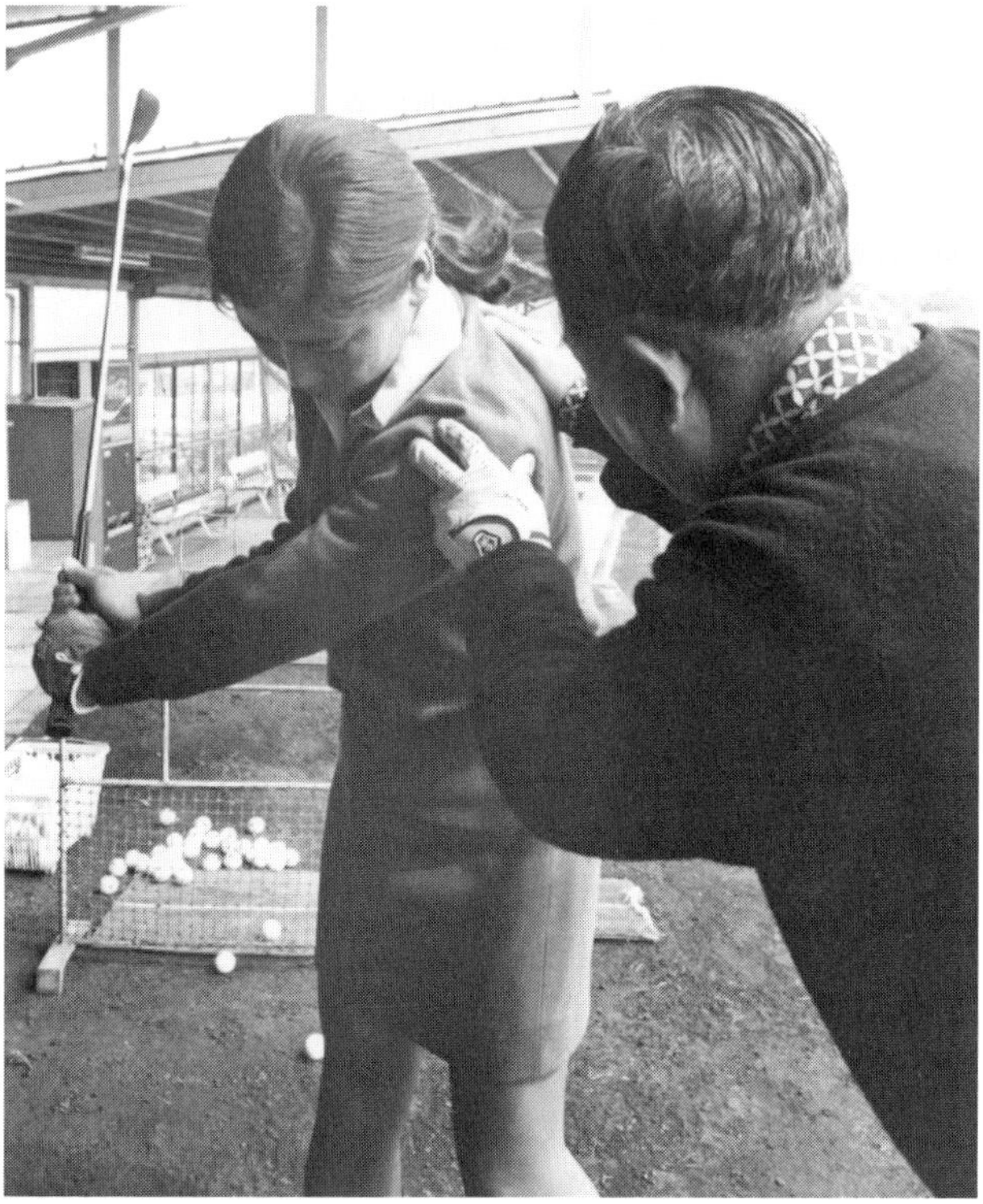
中村寅吉先生（右）から指導を受ける筆者

先生の教えは独特でした。グリップの握り方もそう。「しっかりと握っていろ。しびれるような場面で柔らかく握っていたら、いつもと同じように振れない」と言われました。今のレッスン書などでは柔らかく、ヒヨコを抱くようにと説明しているけど。私は今でも先生の教えを守り、左手の前腕の筋が痛くなるほどしっかりと握ってスイングしています。

どちらかといえばあまり器用なほうではない私は、ボールを数多く打って中村先生の教えを早く体に覚えこませるようにしました。ゴルフは特に、頭で理解していても実際に自分の思った球筋が出なければだめです。

持ち場はゴルフ場にある練習場でしたから、お客さんがスタートしてしまうと時間ができました。当時のゴルフ場はそんなに混んでいなかったので、午前九時半ごろから打つことができたんです。

グリップを強く握っているので握った手をいったん離すと、次に握るときにすごく痛い。だから昼食時間が来てもクラブを手放したくない、練習を続けたいと思ったこともありました。

午後は一時から三時ごろまで打って、あとはボール拾い。一日に打った球数はわかりませんが、毎日五時間はボールを打っていました。夏場は明るいから、ボール拾いの後にコースを回りました。ゴルフ漬けの毎日でした。

ジョギングをする人が、天候には関係なく、毎日走らないと調子が悪いというのと同じです。

アイデア

どこから、そんな発想がうまれてくるのでしょう。中村寅吉先生の指導を受けていると、まるでびっくり箱のように、次から次へと驚きのアイデアが飛び出してきました。

先生が川越カントリークラブに来るのは週に三日ほど。東京の自宅を車で出て三十分ほどすると、先生の奥さんから「久子ちゃん、あと三十分ほどで着くよ」と電話が入ります。支度をして家の前で待っていると、先生がゴルフ場まで乗せていってくれました。

アップダウンのあるコースの傾斜を利用して、つま先上がり、下がり、左足上がり、下がりの打ち方、ダウンヒルでのボールの上げ方などショットの基礎から指導を受けましたが、その教え方がユニークで、場所も道具も選びません。

練習場の打席は土でした。そこに大量の砂を持ってきて、突然バンカーからの打ち方を練習させられたこともありました。砂が体にかかるような打ち方はだめ。かからないためのクラブヘッドの入れ方、フォロースルーの抜け方を覚えさせられました。

バンカーでは、テープを左のこめかみに貼り付けて地面に垂らし、打った後にその先がどのように動くかを、目で追う練習をさせられました。

夏になるとゴルフクラブで草刈りもしました。全員がおもいおもいのクラブを持って、コース脇の雑草が生え茂っているところでクラブを振ります。深いラフで振っているのと同じシチュエーション。グリップの握りがしっかりしていなければ草に負けてしまうんです。

日本選手の中でも小柄な先生は、体の大きい外国人選手と対等に戦うためにさまざまな工夫を凝らして練

川越カントリークラブでプレーする筆者

習していて、ひらめいたアイデアが効果的ならすぐに指導に取り入れました。

「練習するときのコースは三流でいいんだ。腕は一流になれ」と言われたことがあります。試合ではさまざまな条件で戦うことになる、だから練習環境は厳しいほど自分の身になる、という教えでした。

樋口流

私のスイングは、ほかのプロと違って独特なフォームです。ゴルフを覚えたころはごく普通のスイングだったのが、中村先生の指導を受けてから一年が過ぎたころに変わりました。

練習中に先生が「おい、足の親指にもっと力を入れろ」と言うのです。ゴルフシューズをはいている上から足の指の動きを指摘されたのには驚きました。

それから上体を右に回せ、もっと、もっと回せと言われて、生まれたのが私のスイングです。米ツアーでは、マグネティックスイング（磁石のように元に戻るスイング）と呼ばれていました。

先生は左足のかかとをあまり上げませんでした。私は体を動かせ、動かせといわれたので、左足のかかとが上がりましたが、陸上競技をやっていて足腰が強かったので、元のところに戻せました。

バックスイングで、上体のひねりを大きく回転させ、トップに持っていくので「スウェー打法」と言う人もいますが、それは違います。

体の動きがダイナミック

独特のフォームでティーショットを放つ筆者＝1970年7月、愛知県豊田市の貞宝カントリークラブで

でも、下半身は流れていない。上体を大きく回転させて、スイングワークを大きくしただけ。

スラックスのおへその辺りにボールを一つ入れ、フィニッシュするときにおへそを空に向けて突き出すようにボールを押し出す練習もしました。見た目は美しくないけれど、これが樋口流です。

このスイングを身につけたことで、ショットの正確性がぐんとアップしました。

あるとき、ボールメーカーの人が練習につきあってくれました。その人に１００ヤードのところに立ってもらい、私が手をあげると十歩さがり、あげるとまた十歩さがる。そこを目標にボールを打ちました。全ボールを手を伸ばせば拾えるところに集めたので驚かれました。

ショットが曲がらないのは、スイングの体の回転が安定し、軸がぶれず、同じリズムで打つことができるから。私の大きな財産です。

見て覚える

川越カントリークラブで研修生をしながら中村寅吉先生のキャディーをやっていました。日本オープンゴルフ、関東プロなど先生が試合に出るたびにキャディーとしてついていきました。それは私がプロテストに合格した後も続きました。

今でいう帯同キャディーで四年ほどやりましたが、女性のキャディーは珍しかった。ちなみに当時、林由郎さんのキャディーをしていたのがあの青木功プロでした。

先生は私には何も言いません。私はプレーのじゃまにならないように、ただ、それだけを心掛けながらついて歩いていました。でも、試合中に一度だけ質問したことがありました。

何の大会だったかは忘れました。もともと左に曲がるフックボールが持ち味の先生が、あるホールで右に曲がるフェードボールを打ったことがありました。それで「なぜフェードボールなんですか」と聞いたのです。

「フックは自分の得意とするショットだ。得意のショットばかりだと安心して逆に気持ちに緩みがでる。だから、自分の球筋とは違うフェードで攻めたんだ」とおっしゃいました。

先生が私をキャディーにしたのは、自分のプレーを通して、ゴルフを勉強させるためでした。

こういう場面ではこうして打つんだ、こうしたピンチではこんなように対処するのだ、ということを見せるためでした。それと言葉では言い表せない試合の雰囲気とか、駆け引きとかを実践の場で教えようとしてくれたのです。あえて得意ではないショットを選んだのも、背景にはこうした思いがあったのです。

「目で盗め。体で覚えろ。それが一番強い」が先生の言葉ですが、体で覚えろの部分は、自分の練習の中でできるけれど、目で盗める場面は与えてくれ

中村寅吉先生（右）のキャディーをする筆者（左）

たと思っています。バリバリのトッププロのプレーを、キャディーをしたおかげで四年間も間近で見られたことは、その後の私のゴルフ人生の財産となっています。

パター1本

ゴルフというスポーツは、ボールがどこに、どんな状況にあるかによってクラブを使い分けます。ティーグラウンド、砂があるバンカー、草が深いラフ、グリーンなどでそれに適したクラブを選択する――その常識をくつがえす中村寅吉先生のユニークなエピソードを披露します。

川越カントリークラブで働きだして二年ほどたっていたころのこと。一緒にコースを回るときに「おい、俺は今日これだけで回る」とパターを見せられました。自身もプロゴルファーでゴルフクラブも作っていた中村兼吉さんのL字形のパターでした。

私は十四本のクラブをゴルフバッグに入れていました。まさか！パター一本でどうやって回るのか。バンカーに入ったら、ラフに入ったら……。素朴な疑問が頭をよぎりました。

そんな疑問もプレーが始まったとたんに吹き飛びました。ティーグラウンドでは普通にティーアップして、ウッドやアイアンと同じようにスイングをする。飛距離も200ヤードほど出る。しかもフェアウエーを正確にとらえる。パターでですよ。もうびっくりです。

パターを手にした中村寅吉先生＝神奈川県伊勢原市で

バンカーショット、ラフからのショットなんて、余計な心配でした。正確なボールコントロールでフェアウエーを外さないんです。ボールも上げたり、転がしたり、自由自在でした。

青木功プロの師匠の林由郎プロも、今の選手が難しいと言う3番アイアンでバンカーショットをして、ボールをきちんと出しましたから、昔のプロゴルファーの技術の確かさがわかるというものです。

スコアはハーフで先生が38、私は39で1打負け。研修生とはいえ、毎日五時間以上はゴルフの練習をしていました。それが1打といえどパター一本の先生に負けました。しっかりしたスイングが身についていれば、一本のクラブでもこれだけできるところを見せてくれたのです。あらためて中村先生のすごさを見せてもらいました。

ミズノ

ゴルフのイロハから勉強させてもらった川越カントリークラブを、一九六八年に辞めました。プロテストに合格した翌年です。

将来のことを考えて、中村先生が話をしてくれてスポーツ用品メーカーのミズノの所属となったからです。ミズノは海外にも進出していたので、ゴルフで海外に出掛けるにも都合が良かったのです。

プロゴルファーといっても、当時は女子のほとんどがゴルフ場の所属で、企業と契約をしていたゴルファーは、ミズノと契約をしていた佐々木マサ子プロ、ただ一人でした。

それとゴルフ場内のこともあったと思います。ゴルフ場所属のプロは、その看板を背負って試合に出て活躍するのが役目ですが、ほとんどの人はゴルフ場の仕事をして給料をもらっています。

プロががんばればゴルフ場は有名になりますが、毎日ゴルフ場の仕事をしている人からすればあまり面白くはないのは当然です。女子プロが誕生してから日も浅いので、先生がよりゴルフがやりやすい環境を整えてくれた気がします。

ミズノに所属してからは、東京の府中カントリークラブで練習をさせてもらいました。川越時代のようにはいかないものの、先生もたびたび足を運んで練習を見てくれて、悪いところがあると指摘してくれました。

私は他の人と違うスイングに取り組んでいますので、順調なときは問題はないのですが、悪くなったとき、他者を参考にできません。この不安を振り払うため、府中でもひたすらクラブを振りました。ゴルフは自信と不安が同居しているスポーツ。不安を取り除くことで自信が持てるようになるのです。

同じゴルフ場に男子プロの石井富士夫さんがいましたが「おまえは本当によく練習をする。一度でいいからおまえの後から（練習を）あがってやろうと思ったが、一度もできなかった」と言われたことがありました。練習はいわば私の主食のようなものですから。

伊勢原

神奈川県伊勢原市の伊勢原カントリークラブに、中村寅吉ゴルフギャラリーがあります。世界の頂点に立ち、日本にゴルフブームを起こし、女子プロの誕生にも大きな役割を果たしてくれた先生の数々の優勝トロフィーやメダル、愛用のゴルフ用品などが展示されています。

二〇〇二年九月のオープンのときには、私もお祝いに駆けつけました。私にとっても思い出がいっぱい詰まっているギャラリーです。

先生が伊勢原市に引っ越したのは一九七二年のこと。伊勢原カントリークラブでプレーをしたり、自宅近くの伊勢原ゴルフセンターで練習をしていました。私は試合に勝ってもそのプレー内容に納得がいかないと、翌日は伊勢原に出掛けていって指導を受けました。先生にクラブでトントンとたたかれながら「ああしろ、こうしろ」と言われ、ボールを打ち続けたのです。

毎年十二月になると伊勢原カントリークラブで、中村寅吉プロアマチャリティーゴルフ大会が開かれました。プロ五十人、アマチュア百五十人が参加、プロ一人とアマチュア三人が一組で五十組もできるほど盛況な大会でした。これを楽しみにしていたアマチュアの人も多かったのです。

参加したプロは、女子は私と岡田美智子プロ、松沢知加子プロ。男子は安田春雄プロ、河野高明プロ、丸山智弘プロ、伊勢原カントリーの支配人でもある内田具徳プロなど、先生から薫陶を受けたり、縁のある人たちでした。後には芹沢信雄プロや藤田寛之プロ、宮本勝昌プロもいました。九四年まで続き、集まったお金は伊勢原市の福祉基金に寄付されたといいます。

オフの恒例で大山阿夫利神社に駆け足で上る催しもありました。私は参加したことはなかったけれど、朝の四時半にゴルフ場に集まり、急な男坂を駆け上がり、神社で参拝をした後に、女坂を下って大山寺へ参り、境内を清掃してからゴルフ場に戻る――三時間ほどの道のりですが注意力、集中力、持続力をつけさせるためにやっていたそうです。

先生にとって伊勢原市は故郷のような場所。名誉市民にもなられました。

別れ

「いつかはこういう日が来る」と覚悟していましたが、それが現実となると心の中にポッカリと穴があいたような感じでした。

二〇〇八（平成二十）年二月十一日に中村寅吉先生は、老衰のために神奈川県座間市内の病院で亡くなりました。享年九十二歳でした。

小学生のころに出会い、私をここまで育ててくれたゴルフの、そして人生の父ですから、自分の親と同じような存在でした。連絡を受けたときは、頭が真っ白になり、ただボー然としていました。

先生は〇一年に奥さんを亡くし、しばらくしてから相模原市内の老人施設に入りました。このころからコースに出ることはなくなり、体調が優れず病院を出たり入ったりしていました。

亡くなる少し前に私と小林法子プロ、佐々木マサ子プロの三人で見舞いに行きました。がっしりした体格だった先生が、最初は先生と気がつかないほどやせ細っていたのには驚きました。

寝たきりの状態でしたが、それでも私たちが来たことはわかったようで、小さくうなずくようなしぐさを見せてくれたのです。それが先生との最後です。

先生は努力の人で、棒で切り株をたたくようにしてスイングの練習をしたり、月明かりの下で黙々とパットを続けました。練習量の豊富さを物語るように、手のひらにすごいまめができていました。

精神面も強く、ここぞというときの勝負強さには無類なものがあり、そんな先生の弟子だから私も勝負強さを持っているとも言われます。

普段はとても口数が少なく、口調もぶっきらぼう。全米女子プロゴルフ選手権で優勝したときに、その報告の電話をしましたが「ああ、良かったな」の一言だけ。でもその短い言葉の中にハートがありました。

間違ったことをするとすごく怒るけど、一生懸命やっている人に対しては親身になってくれました。日本のゴルフ界をここまで広げてくれた偉大なプロゴルファー、中村寅吉先生はそんな人だったのです。

プロテスト

私のゴルフ人生に戻りたいと思います。プロを目指して川越カントリークラブで研修生をして四年目、待ち望んでいた日本プロゴルフ協会の女子のプロテストが一九六七（昭和四十二）年に行われることになりました。中村寅吉先生が「日本にも女性のプロがいてもいいんじゃないか」と提案してから六年になっていました。

プロテストの前からゴルフ場の従業員や、プロのような活動をしていたゴルフの大好きな女性たちが集まり月例会を開いていました。早くレベルアップをして、世間に女子ゴルファーの存在を認めてもらうためで、私もその一人でした。

プロテストは十月二十五日に川越カントリークラブで行われました。参加者は二十六人。テストを前に、月例会が二つに分かれたために予定より少なくなりました。

テストは1ラウンド18ホールで行われましたが、今のように何ストロークまでが合格というラインはありませんでした。中村先生から「おまえら、１ラウンド回ってこい」と言われ、それぞれスタートしていったのです。四人一組だったと思うけれど、誰と一緒だったかは覚えていません。

いつも練習しているコースで、指導を受けている中村先生もいたので緊張はしませんでした。スタート前、自分ではスコアは設定しなかったけれど「ホームコースなので、トップ合格をしよう」とひそかに思っていました。１オーバーの73のスコアでホールアウト。練習ではいつも74か75のスコアだったので、自分では「好スコアで上がれたな」と満足していたら、狙い通りにトップでした。

アップダウンのあるコースで、４００ヤードでパー４など女性ではパーをとるのが難しいホールがいくつかありました。クラブはパーシモン、ボールは糸巻きの時代で、ティーショットの飛距離が２１０ヤード前後。だからスコアが84、85の人もいました。

全員のプレーが終わるのを待って、中村先生が「今日は全員通す」と発表。テストには参加しなかったけれど、プロの活動をしていた十五人にもライセンスが与えられ、四十一人の日本初の女子プロゴルファーが誕生しました。

第二章　プロゴルファーとして

女子プロ選手権

女子プロゴルファーとしての初の公式大会は、プロテストの翌年、一九六八年に行われました。「女子プロが誕生したのだから大会の開催を」と中村寅吉先生が関係者に働きかけて実現したのです。

それが日本女子プロゴルフ選手権とTBS女子オープンゴルフ選手権（現在の日本女子オープンゴルフ選手権）の二大会で、ともに二日間の大会でした。

以前の月例会は一日の試合。二日連続は初めての経験でした。体力的には自信がありましたが、二日間をどういう気持ちで戦えばいいのかわからないので、中村先生に聞きました。

「一日一日、一打一打を一生懸命やればいいんだ」。アドバイスはこれだけ。でも「第一回の大会は、どんな大会でも優勝者の名前は残る。がんばれ」と励ましてくれたので、優勝を目指しました。

最初の公式戦、女子プロ選手権は七月十七、十八の両日、静岡県伊豆市の天城カントリー倶楽部で行われました。一日27ホール、二日間で54ホールの争い。出場者はプロテストを受けた二十六人だけでしたが、ライセンスを得た何人かも見に来ていました。

天城カントリーは二《に》瓶《へい》綾子プロのホームコースで、地元の声援がすごかった。初日は先に二瓶プロが抜け出しましたが終盤に崩れ、何とか１１２のスコアで首位タイに並び、最終日に勝敗を持ち込みました。

地元の期待を担う二瓶プロへの応援は最終日になるとさらに盛り上がります。でも私はずっと中村先生の指導を受けて、自分のゴル

第１回日本女子プロゴルフ選手権で優勝した筆者＝1968年7月、静岡県伊豆市の天城カントリー倶楽部で

フに自信があったので負ける気はしませんでした。

18ホールを終わり1打リードして残り9ホールに入りました。20ホール目に二瓶プロのダブルボギーでリードが広がり、最終27ホール目をバーディーでまとめ110で上がりました。トータル3オーバーの222、二瓶プロに4打差をつけての優勝。二十二歳九カ月でした。

二〇一四年の女子プロ選手権の賞金総額は一億四千万円、優勝賞金は二千五百二十万円ですが、第一回大会は賞金総額が四十五万円、優勝賞金は十五万円でした。川越カントリークラブの給与が一万三千五百円だったので一年分近くを稼ぎ、冷蔵庫ももらいました。賞金は全部貯金です。

女子オープン

女子プロゴルフ選手権を優勝し、次の目標はアマチュアも参加する日本女子オープン（当時TBS女子オープン）ゴルフ選手権に勝つことでした。

アマチュアの歴史は古く、戦前、戦後と日本の女子ゴルフ界をリードしてきました。それに比べてプロは、誕生して間もないので評価も低かったのです。

「女子プロの技量がどれだけあるのか」とか「アマチュアの女性の方が強いのでは……」と、今なら想像がつかないようなことも言われました。アマの選手の中には「プロの人なんかと、一緒に回るのは嫌だわ」とはっきり口にする人もいたのです。

プロとして大会に出ることは、お金を稼ぐこと。だから「アマチュアよりうまくなければいけないし、手本にならなければ」と思っていました。

大会は一九六八年十二月十一、十二日に埼玉県吉川市（当時吉川町）の江戸川の河川敷にあるＴＢＳ越谷ゴルフクラブで行われました。

プロとアマ九十二人が出場、女子プロ選手権に出場しなかったプロもそろって姿を見せました。予選は一日18ホール、決勝ラウンドは27ホールという今では考えられない変則の日程でした。

女子プロは日本プロゴルフ協会の「女子部」として発足したので、競技委員は男性がやっていました。この大会は６２９０ヤード、パー74で、セッティングも難しかったのを覚えています。

初日は佐々木マサ子プロが４アンダーの70で回りトップ、私は１打差の２位。最終日は朝から土砂降りの雨。グリーンに水が浮くほどの悪コンディションの中でのプレーで、中断もあり、結局18ホールで打ち切られました。

スコアを崩す人が多く、70台で回ったのは二人だけ。77で踏みとどまった私が、佐々木プロに4打差をつけて逆転優勝しました。賞金総額は五十万円、優勝賞金は二十万円。女子プロ選手権よりも少しだけアップしていました。

この大会のベストアマが後にプロで7勝し、不動裕理プロや大山志保プロ、古閑美保プロなどの女子プロを育てた清元登子《たかこ》さん。清元さんは76、84のトータル160で4位でした。

ホールインワン

スポーツ選手にとって、自分の足跡が残るということはうれしいことです。日本女子プロゴルフ、日本女子オープンゴルフの第一回大会を優勝して、その名を刻むことができました。

その女子オープンゴルフの第二回大会で、女子プロゴルフ界で史上初のホールインワンを記録しました。会場は第一回と同じ埼玉県のＴＢＳ越谷ゴルフクラブでした。

岡田美智子プロと優勝争いをしている最終日のパー3の12番。距離は１３５ヤード。「6番で打とうか7番にしようか」と迷ったすえに手にしたのが7番アイアン。いつも通りのスイングで打ったボールは、ピンの手前ではねて、グリーンを転がってカップに入りました。〝入れた〟のではなくて、〝入ってしまった〟が正直なところ。これをきっかけに岡田プロに競り勝ち、大会を連覇することがで

ホールインワンのボールを中村寅吉先生に手渡す筆者＝1969年11月13日、埼玉県吉川市のTBS越谷ゴルフクラブで（写真提供：日本女子プロゴルフ協会）

きました。貴重な、そして記念すべき一打です。

私の大会でのホールインワンは、日本女子オープンと一九七八年の東西対抗、八一年の熊本中央レディースの三回。練習日などを含めると十一回あります。川越カントリークラブの四つのショートホールすべてでも記録しています。入り方は手前から転がったり、ピンに当たって入ったりといろいろですね。

ホールインワンは、エースとも呼ばれ、女子プロが記録する確率は一千百七十五ラウンドに一回だそうです。狙って取れるものではありませんが、ショートホールではプロはピンを狙って打っていく。その時に運がプラスされれば記録されることもあります。八一年の北陸クイーンズでは池渕富子プロが、初日と最終日の二回やっています。

フジサンケイレディースが静岡県のファイブハンドレッドで行われていたとき、ホールインワンがなかなかでず、累積賞金が六百万円になった九〇年に、ティーを少し後ろに下げました。とたんにホールインワンが記録されたのです。距離が延びたことで、これまでより長いクラブを使いボールの転がりが良くなった。ゴルフって微妙なものです。

男女一緒

二〇一四年の全米オープンと全米女子オープンが、同じノースカロライナ州のパインハーストコースを使って行われて話題になりました。男子が先で、次の週が女子でした。二〇一六年のブラジルのリオデジャネイロ五輪にむけての試みともいわれています。

あまり知られていませんが、日本では男女が同じ日に、同じコースで一緒にプレーをしていた大会がありました。一九七〇年に始まった東海クラシックです。

会場は愛知県みよし市（当時、三好町）の三好カントリー倶楽部の西コースで、国際オープンの大会でした。米国から後に全米女子オープンを勝ち、賞金女王にもなったサンドラ・パーマー選手が初めて招待され、女子はパーマー選手を含めプロが十三人、アマチュア七人が出場しました。

男子が二日間の予選ラウンドを終え、決勝ラウンドに入ったときに、男子選手の間にはさまれる形で女子がスタートしました。６６４０ヤード、パー74で、すごく長く感じるホールもありました。

女子は１ホールの距離が４００ヤードを超えるとパー5が普通でしたが、競技委員が男子なので、410とか420ヤードでもパー4だったのです。
8番のショートホールが私は苦手でした。距離もあり右が池、左がバンカーで、1オンさせるのが難しくて、3番アイアンでグリーンの手前に落とし、アプローチでよせてパーを取りました。

男子にはさまれてのプレーだから、ちょっと前がつまると、男子に追いつかれます。もともと女子は男子に比べてプレーが遅い。そのうえコースが難しく苦戦の連続。いつも男子が仁王立ちして、私たちのプレーを待っていたのが印象的でした。

優勝したのは二日間とも77で回ったパーマー選手。彼女とは米女子ツアーでも会っているので、すごくうまい選手だとわかっていました。私は初日80、最終日77のトータル157で3打差の2位でした。

男女一緒の大会があったから、男子プロとの交流などもできるようになりました。そういう意味でも画期的な大会だったのです。

賞金

プロゴルファーには相性のいい大会やコースがあります。一九七〇年の一回目の大会こそ2位に終わりましたが、東海クラシックの三好カントリー倶楽部のコースは、私が得意としたコースの一つでした。

七一年から3連覇、一年おいて七五年からも3連覇するなど八〇年までに7勝、2位が二回、3位が一回という成績でした。何が良かったかといえばパッティングにつきます。グリーンは高麗芝で、芝目がきつく、その上、目の方向も一定ではありません。一つのグリーンでも場所によってさまざまな方向に向いていました。若いころから練習だけは人に負けないほど積んできました。その成果でこのグリーンの芝が十分読みとれ、パットがよく決まってくれた。それが好結果につながったのです。

この大会の一つの特徴が、男子と女子の一緒のプレー。だから表彰式も一緒でした。男子は青木功プロ、ジャンボ（尾崎将司プロ）が全盛期で、男女の優勝者が並んで写真におさまったりしました。

表彰式の後の楽しみが、賞金をもらうとき。当時は小切手とかではなく、現金をもらって帰ったのです。三好カントリーのクラブハウスの三階に部屋があり、表彰式が終わると主催の東海テレビの人が、領収書と現金を用意して待っていました。

最初の優勝賞金は五十万円、翌年は倍になりました。領収書にサインをすると賞金を渡されます。普段、めったに手にする金額ではないので、その時に勝ったという実感がわきました。「やったんだ」と思って、帰るときには喜びが込み上げてきたものです。

今はそれが当たり前になっていますが、サラリーマンのボーナスや給与が銀行振り込みになったときに、家での権威が下がったような気がしたという話をよく聞きました。その気持ちはゴルファーも同じです。ゴルフの賞金も今は銀行振り込みになっていて、表彰式で、優勝賞金の額が書かれたボードを渡されるだけ。やはり優勝したという実感はもうひとつですが、それも時代の流れですね。

大挙の米選手

米女子ツアーで戦っている女子プロが大挙して日本にやってきました。

一九七三年に千葉市の袖ケ浦カンツリークラブの新袖コースで行われたＬＰＧＡジャパンゴルフクラシック、今のミズノクラシックに出場するためでした。

歴史がある米女子プロゴルフ協会が、日本での公式トーナメントを開催するにあたり、二十五人の選手を送り込んできたのです。

日本にも七十人ほどの女子プロはいましたが、まだ男子の協会の中の女子部の時代でした。マスコミなどは「最強軍団がやってきた」と言って騒いでいました。

このころには米女子ツアーに参戦していたので、周囲は米国選手を中心とする外国人選手ばかりの中で戦っていました。だから外国人選手の多さは気にならなかったけれど、刺激を受けた日本の選手やゴルフファンは多かったと思います。

初日こそ73と少し出遅れましたが、二日目に2アンダーの70で回り首位に並びました。最終日は四人が首位タイでスタートし、ジャン・フェラリス選手と私が２１６の同スコアでプレーオフとなりました。

プレーオフは16番からで、そこで決着がつかなければ17番、18番と進む予定でしたが、最初は二人ともボギー、17番でフェラリス選手がバーディーをとり、負けました。フェラリス選手はたまたま日本にきていて、大会があるのを知って出場、優勝したと聞いています。

この悔しさは奈良県の法隆寺カントリークラブで行われた第二回大会で晴らしました。このときは七一年の全米女子オープンを圧勝したジョアン・カーナー選手など米女子ツアーでも実績がある三十二選手が出場しました。

このコースは、高麗グリーンで芝目が強い。私たち日本のゴルファーは慣れていましたが、日ごろは速いベントグリーンでプレーをしている米女子ツアーのゴルファーにとっては難敵でした。

初日72、二日目72、最終日74の２１８で2位に6打差をつけて勝ちました。上位も日本選手が占め、グリーンへの適応が明暗を分けた試合でした。

グリーン

ゴルフ場のグリーンの芝は、日本でも今はベントが主流ですが、少し前までは高麗芝でした。ベントグリーン、高麗グリーンといいますが、二つのグリーンはゴルファーにとっては大きな違いがありました。

高麗グリーンは芝目がバリバリに強いのが特徴で、極端にいえばクリのイガや「洗いたわし」の上でパッティングをするイメージ。順目や逆目は見やすいけれど、ボールの切れ具合は、練習ラウンドで打ってみないとわからない。短いパットでも芯に当たらないと切れるので難しい。

ベントグリーンは順目、逆目はあるけれども高麗ほど目は強くなありません。滑るほど速くて、極端にいえばガラスの上でパッティングをする感じ。

高麗では逆目だと、カップに届かせようと強く打たなければならないけれど、ベントでは強さ加減、ストロークはあまり気にしないで打てる。切れ具合も芝目よりグリーンのうねりとか、傾斜のほうが優先されることが多いのです。ベントでも山とか海に近いコースだと芝目が影響されます。富士山を背にして順目とか、海の方に目がいっているとか。

当時は高麗が主流だったので、日本でやっているときは、左の方に体重をかけて、左のもののところにグリップを置き、手首を使って打っているような感じが多かったのです。

それで米国に行くとすごく速いグリーン、日本でまた重たいグリーン、それを繰り返していくうちにパットの病気になったので、打ち方のスタイルを変えました。ボールを真ん中に置いて、クラブはつるような感じで、打ち方も全部変えました。

そのころになるとベントが増えてきました。一九八〇年ごろまでは、夏に強い高麗と寒さに強いベントの二つのグリーンを持つゴルフ場が多かったけれど、ベントの品種改良で

1グリーンに改造されたり、2グリーンでも両方ともベントというのも増えてきました。日本の女子ツアーで高麗を使っているゴルフ場は開幕戦の琉球ゴルフ倶楽部、フジサンケイの川奈ホテルゴルフコース、最終戦の宮崎カントリークラブだけです。

パットの病気

日本の重い高麗グリーン、米国の速いベントグリーンでの戦いを繰り返しているうちに、パットの病気にかかってしまったことがあります。

一九七五年の米女子ツアーです。緊張のあまり、パットをするときに思うように手が動かなくなるイップスでした。ショットは問題ない。グリーンエッジに外すのが二、三回あるぐらい。ほとんどはグリーンに乗るけど、その後がだめ。3パットを三回も四回もしてしまいました。

ティーショット、セカンドショットはうまくいくけれど、グリーン上でボールを打つことが怖かった。確実に入れなければいけない1㍍以内のショートパットがひどかったのです。

米国の友人に「パッティングが悪いと選手生命も終わりだよ」と言われ、帰国を一週間遅らせて、パッティングがうまい米国の男子プロのトミー・ジェイコブスさんのレッスンを受けました。

持っていった五、六本のパターからマレットタイプを選んでもらいました。

アドレスが安定するので、クラブをつるようにし、左足に重心をかけるこれまでのスタイルをやめ、五分五分にしてボールは真ん中に置く。「ラインを読んだら、そこにフェースをあわせ、ボールだけを見てストロークしなさい。入ったかどうかは耳で確認すればいい」と言われました。一日百ドルを払って三日間、パットだけ練習をして帰国しました。当時は一ドル＝二九〇円でした。

少しは怖さがなくなったものの本物ではありませんでした。パッティングの調子が良いときには、構えているとラインがうかんできて、あれこれ考えなくても勝手に手が動いてくれたものでした。

この年は17戦して東海クラシックの1勝だけ。最終ホールでチップインバーディーを決めて優勝しました。パットで苦労していたから、神様が「最後ぐらいはパットをしなくてもいいよ」と、そんな舞台を用意していてくれたのかなと思っています。

二十年続けて勝てた記録は私の誇り。パットに苦しんだ一年でしたが、なんとか1勝できたことでこの記録がつながりました。

狙った優勝

全米女子プロゴルフ選手権を勝って凱旋《がいせん》した一九七七年の日本女子プロゴルフ選手権は、日本の高麗芝グリーンに苦しめられました。

米ツアーから帰国して間もなかったので、速い米国のグリーンの感覚が残っていて、日本のグリーンは芝目が強いとわかっているのに、パットがなかなか打ちきれない。

米女子ツアーのメジャー大会を勝ってから、これが国内では初の大会でした。それだけに負けられないという気持ちは強かったのですが、日米のグリーンの違いが気持ちをなえさせました。

初日は74、二日目は73で、首位の岡本綾子プロ、諸星明美プロとは2打差でした。追いかける立場としては、最終日は攻めなくてはいけないですが、肝心なパットに不安があっ

日本女子プロゴルフ選手権で絶妙なパットをする筆者＝1977年7月、大阪府富田林市のPLCCで

たので、ついつい弱気になります。「これじゃ、だめだな」という感じ。

だけどもう一人の自分が心の中でつぶやきます。「なにをやっているんだ。おまえは米国で勝ってきた選手じゃないか。米国で一番になったということは、世界でも一番なんだ。日本で勝てないわけはないだろう。しっかりしろ」と、叱咤《しった》激励するんです。

最終日は前半から追い上げて、10番で3打目を1メートル弱につけてバーディーを取りトップに立ちました。その後はボギー、バーディーの繰り返し。

最終ホールで3パットをして、岡本プロに逆転負けをした春のワールドレディースを思い出し、「勝負は最後までわからない」と、自分に言い聞かせながら戦いました。

15番で2メートル半のバーディーパットを沈めて、三たびトップに並ぶとその直後の16番で岡本プロがミスをし、71のベストスコアで回った私が、岡本プロに2打差をつけて逆転優勝しました。

全米女子プロは、無我夢中でやっているうちに勝ったけれど、日本女子プロは狙って取ったタイトル。苦しみながらも、凱旋に花をそえることができてよかったと思いました。日米のタイトルは、私一人しか持っていないのだから。

第三章　切磋琢磨

盟友に敗れる

ゴルフの父が中村寅吉先生なら、ゴルフの友が佐々木マサ子プロ。プロにデビューする前からの知り合いで、米女子ツアーも一緒に回った仲です。米女子プロゴルフ選手権の優勝も彼女がいたからだと思って感謝しています。

その佐々木プロに狙っていた日本女子オープンゴルフの5連覇を阻止されたことがあります。一九七二年の静岡県磐田市の浜松シーサイドゴルフクラブでの大会でした。日本女子プロゴルフは5連覇をすでに決めていました。この大会を勝てば第一回大会以来、二つの公式大会をすべて勝つことになるのです。

初日はアマチュアの清元登《たか》子さんが抜けだし、私は73のイーブンでスタート。二日目になると佐々木プロがスコアを伸ばして、清元さんとともに首位に立ちました。私は2打差で追う立場だったけれど最終日もスコアを伸ばせず、佐々木プロに負けました。4打差の3位。

負けたのは悔しかったのですが、勝ったのが佐々木プロだったので、なぜかさわやかな気分でした。いつも自分の気持ちの中では「佐々木さんが勝ったらいいな」と思っていたので。

佐々木プロとは、川越カントリークラブで練習しているころ中村寅吉先生の紹介で初めて会いました。年齢は一つ上で、神奈川県の相模原でプロゴルファーとして活動をしていました。「相模原に一人強い人がいるんだ」と言われ、二人でプレーしましたが、「すごい人がいるもんだ」と驚いた記憶があります。その後も一緒にゴルフをしたり、食事をしたりして交流を深めました。

佐々木プロは私とは正反対の人。練習ラウンドでは本番に備えて自分でコースを歩いてノートを作る。その時に目印にするのが私はコース脇の木ですが、佐々木プロはみんなが気づかない虫の出入りする穴にしたりする。「そんなのを目印にして、雨が降ったらどうするの」とよく言いましたよ。フェアウエーが左右に曲がっているドッグレッグでは、リスクがあっても近道を選ぶのが佐々木プロ、私は危険を避けて正規のルートを選ぶ。お酒も佐々木プロは飲むけど、私は飲まない。でもいいコンビです。

最強アマ

日本女子ツアーにアマチュア旋風が吹き荒れています。熊本でのバンテリンレディースで十五歳の勝みなみさんが優勝、その後のツアーでもアマチュアの選手がたびたび上位をにぎわしています。小さなころから練習をしているので、ゴルフのキャリアは十分ある。レベルも上がっているのでプロもうかうかできない状況です。

プロの中に入って活躍したアマチュアといえば、最近では宮里藍プロが知られていますが、かつては清元登子さんがいました。

初めての日本女子オープンゴルフで、私が優勝したときに4位に入りベストアマに輝きました。一九六九、七二、七三年には日本女子アマチュア選手権を勝つなどアマの第一人者でしたが、注目されたのは七三年の第一回トヨトミレディースで、国内外のプロを破って優勝したとき。

愛知県の貞宝カントリークラブで開催されたこの大会の最終日、私は清元さんと佐々木マサ子プロと一緒の組で回りました。清元さんは私より六歳年上で、格好が男の人のようでした。飛距離はすごいわけではない。ただアプローチなどの小技がうまかったのです。

一番印象に残っているのが最終日の11番。グリーンが二つあって右が高麗、左がベントで、清元さんは2打目を使っていないベントグリーンに乗せました。

大会で使っていないグリーンにボールが乗った場合、そのままプレーします。それでもグリーンの上からのショットは芝を傷める可能性があるので、プロでもなかなか打ち込むのをためらうもの。

清元さんはボールを払うようなアプローチではなく、サンドウエッジで手首を使って鋭角に落とすようなショットで、うまくパーを拾いました。このホールが終わった後、佐々木プロと清元さんが打ったグリーンを見に行きました。もちろんターフはえぐり取られたようになっていました。「ここまで打ち込むの」と驚いたものです。

最終日、清元さんはスコアを落としましたが優勝し、「プロを超える最強アマ」と騒がれ、翌年プロになりました。

間違え

一人のプレーヤーに一人のキャディー。ゴルフの大会ではごく普通のことだと思うでしょうが、一九七〇年代の日本の女子プロの大会はそうではありませんでした。一人のキャディーが、一つの組の選手全員のゴルフバッグを担当していたんです。そのために思わぬハプニングもありました。

七四年に九州で初めての大会、日本女子プロゴルフ選手権が福岡県の久山カントリークラブで開かれました。

その二日目、私は佐々木マサ子プロ、鳥山由紀子プロ、外山雅代プロと最終組で回っていました。そこで今のツアーでは考えられない、前代未聞のことが起きたのです。

9番ホールで全員がグリーンに乗せ、キャディーが四人分のパターを持ってきました。最初にパッティングをしたのが鳥山プロ。

打ってから鳥山プロが「私のではない」と気づいたのか、次に打つ佐々木プロが、手にしたパターが自分のではないと気づいたのかはハッキリとしません。ただ鳥山プロが間違って、人のパターを使ったことはわかりました。

間違えたのには、それなりの理由があります。キャディー不足で一人で四人を担当していた上に、雨という悪天候。それに鳥山プロと佐々木プロは同じメーカーのパターで、グリップの色も茶色で似ていて、区別がつきにくいという悪い条件が重なったのです。

一度はペナルティーなしということだったらしいですが、「それはおかしい」という声があり、鳥山プロに2打罰が科せられました。

鳥山プロはすごくゴルフのうまい人で、プロになってから5勝しています。少しのんびりしたところがありましたが、まさかクラブを間違えるとは思いませんでした。自分が使っているクラブですから。

最終日は私と追い上げてきた佐々木プロとの争いになりましたが、私が2番でバーディーを取ったのに対し、佐々木プロが3、4番を連続ボギーとしたので、あとは独走態勢となり、2位に9打差をつけて大会7連覇を達成しました。クラブを間違えてペナルティーを受けた鳥山プロも追い上げて2位に入りました。

強さ

「こんなに強いのはなぜ……」とよく聞かれます。「プロを教えるプロが少なかった時代に、中村寅吉先生という存在が大きかったから」と答えます。そのおかげで圧倒的な勝率で勝ち続けることができたのだと思っています。

一九六八年からの

第10回日本女子プロゴルフ選手権で優勝の筆者＝1977年7月、大阪府のPLカントリークラブで

五年間で21戦して16勝。七三、七四年には4試合連続優勝を含め14戦7勝、17戦8勝を挙げていますが、今の時代に同じように勝てるかといえばそれはわかりません。

当時は試合数が少なかったから、試合と試合の間隔がありました。一度リフレッシュして、新たな気持ちで次の目標にむけて準備ができたのです。だから毎週のように試合が続く今でも同じようにできるかは別の話。そんな中で年間10勝を挙げた不動裕理さんはすごいと思っています。

うまい人というのは、どこでやってもうまいはずです。日本女子プロゴルフ協会の会長になったときに、優勝した選手が次の週に簡単に予選落ちをしてしまうのが信じられなかった、私にしてみれば。

「何でなんだろう。優勝と予選落ち、どっちが本物なんだろう」と思いました。勝つのだから、それだけの力はもちろんあるのでしょうから、気持ちの問題なのかなとは思います。

私はずっと勝ってきてたから使命感のようなものがありました。日米を舞台に戦っていたので、日程的にも厳しく、自分がいつも完璧な状態ではなかった。調子が悪いときもある。でもその中でも勝てちゃう、勝っている。みんな何をやっているんだろう、と思ったときもありました。

勝てていた理由は練習と使命感の二つだけ。気持ちの問題ですね。中村先生がいたから技術的なものもあったけれど、勝負にはすごく貪欲で、自信を持ってやっていたから。

技術的にはウッドが一番得意でした。ボールが曲がらないから。これが大きな武器。その代わり、バンカーショットはめちゃめちゃへたでした。大きな武器があるため、普段めったにバンカーに入れないからですが、今はだいぶうまくなりました。

人気と意識

女子プロゴルフの今の人気からは考えられないほど、一九七〇年代の女子ゴルフの人気は低かったんです。男子のゴルフが、ジャンボ（尾崎将司プロ）のデビューとその後の活躍で、大きなブームを起こしたのとは対照的でした。

低迷したままの女子プロでしたが、優勝を積み重ねていた私の知名度だけは、確実に広がっていきました。女子プロゴルファーは樋口しかいない、樋口以外の女子プロの名前が出てこない、などと当時は言われました。

ゴルフ場でラウンドをしていると「樋口がやっている」といって、周りのホールでプレー中の人たちが集まってきて、私のショットやパッティングなどを熱心に見つめていました。

街を歩いていてもゴルフを知らない人たちからも声を掛けられました。すれ違った人が、わざわざ戻ってきて顔をのぞくようにして「やっぱり樋口だ」と納得して帰るようなこともしばしばありました。

七七年の全米女子プロゴルフ選手権を勝って世界一になると、ゴルフ雑誌だけでなく、これまであまり縁がなかった一般の週刊誌や女性週刊誌からの取材の申し入れやデパートでのレッスン会、トークショーの出演依頼なども増えました。

私を支援してくれる企業からも「お客さんと一緒にラウンドをしてほしい」という依頼

観衆の声援にこたえる筆者＝1974年4月、東京よみうりカントリーで

も多くなったのです。そんなときに決まって言われたのが「樋口さん、プライベートだから適当にやってください」。

女子プロの一期生として、私は強いプロ意識を持っています。ましてトッププレーヤーだったから、人に見られていることをいつも感じながら行動をしていました。だから適当にはやりません。真剣に、まじめに、手を抜かず、です。

知人や友人なら別ですが、その人とは一生に一度しか回れないかもしれない。それが今回かもしれない。ならばプライベートだからといって、それなりのゴルフをしたら相手にも失礼ですし、「樋口と回ったら80もたたいたよ」なんてことも言われたくない。

そういう強いプロ意識、それを持った人に人気が集まってくる気がします。

肩の荷

大会に臨むときには、いつも勝つということが大きな目標です。勝てなくても、自分が納得できるプレーができたならいいですが、それでも負けた悔しさは残ります。隠れて涙をぬぐうこともありました。

でも、あのときだけは特別でした。

一九七五（昭和五十）年七月十三日、大阪のＰＬカントリークラブで行われた第八回日本女子プロゴルフ選手権最終日でした。

首位の山崎小夜子プロを２打差で追い掛けましたが、思うようにスコアを伸ばしきれず、優勝した山崎プロに３打及ばず３位に終わりました。

六八年にこの大会が始まってから７連覇してきました。中村寅吉先生の指導があって、他の選手と少しレベルの差がありましたが、それでもいつまでも勝ち続けることはできないとわかってはいました。

その連勝記録が途絶える日が七月十三日でした。その時の気持ちは不思議でしたね。涙は出なかったし、連勝が途切れたというのに、ちょっとうれしい気分でもあったのです。

それというのも「自分は出るからには勝たないといけない。毎回出て勝っているのだから、また樋口が勝つだろう、勝つのは当たり前だろう」。そんな気持ちの中でやってきました。

それが７連覇できた一つの要素でもあるけれど、勝ち続けているがために、負けられないというプレッシャーも大きく、肩にはズッシリと重たい荷が乗っているようでした。

負けたことでちょっとホッとしました。これで周りの見る目も変わるだろうと、自分で勝手に思い込み、普通の選手に戻れると感じたからです。悔しくなかったかといえば悔しいですが、ショックはまったくありませんでした。

この年はちょうど山崎プロが結婚をする年でした。山崎プロもこの大会では七一年から三年連続で2位に入っている実力者です。その彼女が優勝したのだから、「いい結婚プレゼントができた」と自分なりに勝手に解釈をして祝福をしました。

大型選手

ショットに粗さはあったが、ボールはめちゃめちゃに飛んだ――それが岡本綾子プロと初めて練習ラウンドをしたときの印象です。

一九七四年十月のプロテストに合格したあと、小林法子プロが連れてきて、大阪のＰＬカントリークラブで三人で一緒に回ったのだと思います。

プロになったばかりだったので、ゴルフが粗っぽいのは仕方がない。それよりもソフトボールで鍛えられた体は大きく、パワーもけた外れ。女性の飛距離ではありませんでした。すごい選手が出てきたなと思ったものです。

このころのプロは、キャディー上がりや研修生からなるのがほとんどでした。他のスポーツ界からゴルファーになったのは、女子では岡本プロがはしりでした。それにしてもソフトを引退したのが七二年で、七三年に研修生になって、翌年にプロになったのだからスポーツセンスはすごいです。

スポーツの世界では、大型の新人が出てくると十年に一人の逸材などと言います。私の後に出てきた岡本プロは間違いなくその一人です。ただ、あまり意識はしていませんでした。岡本プロは、プロとしての年数も浅いし、八〇年代初めからは米女子ツアーにいきましたから。

米国に行くか、どうかで悩んでいたころだと思います。私のところに相談に来ました。彼女は私の家にときおり遊びに来て、食事をしたり、マージャンをしていた仲ですから。だから私は「あなたみたいに飛距離を持っている子だったら、やったほうがいいんじゃない」と勧めました。それからですよ、彼女の本当の強さが出てくるのは。

飛距離は十分通用するし、スイングもきれいになった。米国は一流のプレーヤーがいっぱいいるところですから、いろんな国から米国を目指して選手がやってくる。そういう中で、私もそうでしたが、自分のスイングも考える。そしてもまれていく。だからゴルフもうまくなっていく。それが岡本プロです。

不仲説

私と岡本綾子プロといえば、決まって言われるのが「二人は仲が悪い、確執がある」という、いわれなきうわさです。そんなことはありません。

岡本プロは、ソフトで日本一となりゴルフの世界に入ってきたので注目されていました。岡本番のような担当記者がいて、彼女のちょっとした動作や発言を、よく取り上げては書いていました。

それをおもしろおかしくするための手段として、私が話していないようなことも書かれました。すごく迷惑で、「なんでこんなことを書くんですか」とある記者に抗議をしたら「こんな安い頭でよかったら、いくらでも下げてやる」と開き直られました。

彼女の米国行きも、協会の古い体質や私との確執に嫌気がさしたからになってしまう。前にも書きましたが、岡本さんから相談を受け、それが最良だと思って勧めました。ゴルファーはゴルフだけをやっているのが一番だけれど、いろんな付き合いなどわずらわしさもあります。彼女はそういうことが好きではなかった。米国へ行けば無名だしゴルフに打ち込めます。強くなっても個人を大事にしてくれる国だから。

お互いプロ。優勝争いなどをしているときは、当面のライバルです。でも私よりほぼ十年後の人なので、普段はマスコミがあおり立てるようなライバル心はありませんでした。どうしたら自分がいいプレーができるか、そのことで頭がいっぱいで、人のことなどは考えていられなかったのです。

日本女子プロゴルフ協会の会長選のときもそうでした。今の会長選は立候補者がいて、会員が候補者に投票し、選ばれた理事の互選で決めます。昔は立候補制度ではなかったので、誰に投票してもよかった。互選は同じです。

ツアーの最終戦が終わると「樋口が会長を狙って、岡本と争っている」と書き立てられました。私はまだ現役を続けるつもりでいたから、そんな気持ちはないのに樋口VS岡本の対立構図を作られていました。

自分の言葉が勝手に独り歩きするのが嫌でした。だから余計なことは話さないことにしました。岡本プロとの仲も悪くないし、今でも良きゴルフ仲間だと思っています。

プレーオフ

あまり意識していなかったけれど私はプレーオフを17戦、経験しています。戦績は9勝8敗。この勝率がいいかどうかはわかりませんが、戦い方次第ではすべて勝つチャンスがあったと思います。

プレーオフで一番印象に残っているのが岡本綾子プロとやった一九八一年の徳島月の宮レディースです。

今はテレビ中継の関係やギャラリーが観戦しやすいように、プレーオフは18番ホールの繰り返しがほとんど。コースによってはロングホールもあります。

このときは主催者の意向かもしれませんが、プレーオフに選ばれたのがパー5の10番。あまりにもおかしいと思ったので「なんで10番なのよ」と聞いてみました。

ロングヒッターの岡本プロにとっては、2打目でグリーンに乗せられるロングホールで、彼女に有利なのは明らか。やる前からハンディをつけられたようなものだと思いました。私の意見は通らなかったけれど、ゴルフってわからないものです。3オン、1パットのバーディーで私が勝ちました。岡本プロは2オンしましたが3パット。

岡本プロとは八六年の富士通レディースでもプレーオフをやりました。3ホール目で第3打をピン横50㌢につけ、グリーンをオーバーした岡本プロを振り切りました。私にとって一年五カ月ぶりの勝利で、連続勝利の記録を十九年に伸ばしました。

あとは七八年の日本女子オープンで清元登子プロに負けたとき。最終日に首位と7打差の18位から猛然と追い上げ、15番で清元プロを逆転。勢いがあったのですが16番で思わぬにわか雨。ティーショットをひっかけてボギーとしてプレーオフになりました。

16番から終盤の3ホールを使ったのですが、2ホール目の17番で清元プロが短いバーディーパットを外し、18番では私が2㍍のバーディーチャンスにつけましたが、清元さんも4㍍を入れて譲らない。再びパー3の16番に戻りましたが、1打目を左に外し、アプローチは良かったものの入らなかった。清元プロは1打目をピンそば2㍍によせて、それを入れてバーディー。追いついた方が勢いがあると思うのですが、思うようにはなりません。

台湾パワー

日本の女子ツアーではここ数年、韓国パワーが吹き荒れています。私たちのころには、台湾の涂阿玉旋風が猛威をふるいました。

涂プロはすごい強い選手で、ドライバーは少し曲がったけれど、アイアンショットがめちゃくちゃうまかった。パンチショットで、まるで男性のようでした。

アマチュア時代の一九七三年に初来日、トヨトミレディースでいきなり2位に入りました。日本女子プロゴルフ協会に八一年に入会すると翌年から勝ちまくり、八六年までの五年間で41勝を挙げました。

年間最多優勝の記録は二〇〇三年の不動裕理プロの10勝ですが、涂プロは9勝を三度も記録している。それだけに当時は「また台湾の優勝か、誰か止められないのか」なんて言われました。

日本のツアーに専念していたから「がんばろう」という思いは強かったけれど、ゴルフってそう簡単にはうまくいかない。それでも八三年には5勝を挙げたし、八四年の紀文レディースのプレーオフでは、涂プロと大迫たつ子プロを破って一矢報いました。涂プロとは良きライバルで、海外遠征のときなどは一緒の飛行機でいきました。

その時代の強い選手は、今とは違う強さがあったと思っています。今は歩測をしたり、キャディーと相談しながらプレーをします。当時は自分で考え、コースマネジメントしながらやっていました。

涂プロのほかにも台湾の強い選手が日本にきました。その一人が張錦霞プロ。日本で長くプレーをしませんでしたが、アマチュア時代の七〇年の日本女子オープンで2位に入っています。七六年の日本女子オープンのときには日本ゴルフ協会が「誰か勝ってくれ」と声をあげたほどでした。このときも七〇年も私が勝ち、張さんは2位だったけれど「台湾勢は強かった」というのが率直な印象。

韓国パワーのときは、層の厚さで多くの選手が入れ替わり、立ち替わりで優勝していましたが、涂さんの場合はたった一人で日本選手を相手に優勝を積み重ねてきました。そこにすごさを感じるのです。

第四章　アメリカ女子ツアー

米ツアー

一九六八、六九年にあった日本の女子プロの大会を連勝し、七〇年から国内でプレーをしながら米女子ツアーにも挑戦することになりました。

思いがけないことがきっかけでした。米女子ツアーで活躍するマリリン・スミス選手が日本に来るので、エキシビションマッチが計画されました。

二〇一〇年に宮里藍プロが、米女子ツアーで開幕戦から連勝しましたが、その四十四年前に開幕戦から連勝したのがスミス選手です。

今と違って米女子ツアーの情報はほとんど入ってこない状況で、一緒にプレーできるのがすごく楽しみでした。米女子ツアーの選手の飛距離はどれぐらい出るのか、ショットやパッティングはどんなだろうか。当日が待ち切れない感じでしたが、スミス選手が風邪をひいて対戦が取りやめになってしまいました。

すごく残念で、そうなると米女子ツアーへの思いが募るばかり。「日本で一緒にプレーができないのなら、米女子ツアーに挑戦させてほしい」と所属するミズノに頼んだら、許可がでました。

米国で知っている選手といえばスミス選手と一九四六年に米女子オープンに優勝したパティー・バーグ、四九、五二年の女子オープン、五七年の米女子プロ優勝のルイーズ・サッグス、六七年の米女子プロなどで優勝し、米ツアーで88勝を挙げたキャシー・ウィットワース、六五年の女子プロ優勝のサンドラ・ヘイニー選手などほんの数人でした。

知っているといっても名前だけ。会ったこともないし、プレーを見たこともない。米女子ツアーにいけば、そうした選手のプレーにじかに接することができるのです。女子プロが誕生して間もない日本と違って、練習の仕方やゴルフのスタイルなど勉強することも多くあると思って、期待は膨らむばかりでした。

日本で試合のない四月から六月までの三カ月間、年十試合を目標に米女子ツアーに挑戦して、残りの期間は日本に戻り、国内で戦うことにしました。

渡米

参戦は決まったものの、当時は情報がほとんどなく、米国の選手がどんな服装でプレーをしているのかもわかりませんでした。

日本では、女子プロが誕生してしばらくは「女性はプレーが遅いから、ズボンでやりなさい」と言われ、全員がズボンでプレーをしていました。女性ゴルファーが少なかったので、女性用のウエアはなく、男子用の小さいサイズのシャツやスポーツウエアを買って着ていたのです。ワンポイントマークがついた高価なものもありました。一着四、五千円もしました。私の給料が一万三千五百円。でもそれを着てプレーするのがステータスでした。

渡米するにあたって調べたら、米女子ツアーではスカート、ミニスカート、ショートパンツ、キュロット、ズボンとスタイルはいろいろでした。上は買って、下は自分たちでオーダーをし、それをバッグにつめました。前夜祭のためのロングドレスやハイソサエティーなロングの手袋も用意しました。実際には、そんなにドレッシーなものでなくてもよかったのですが、わからないだけにあれこれ考えてしまいました。

米国では久子は言いにくいし、「ＨＩ」を「ひ」とはいわないのでニックネームをつけることにしました。私は子どものころから母に「チャコちゃん、チャコちゃん」と呼ばれていたので「チャコ」にして、キャディーバッグにも「CHACO」と刺しゅうをしました。一緒にでかけた佐々木マサ子プロは、ちょっとボーイッシュな感じだったので「マー坊」とつけました。

米女子ツアーの参戦は国内で試合のない四月から六月までの三カ月間と決めていましたが、いきなり試合に出たわけではありません。

ベントグリーンに慣れなくてはいけないし、時差も取らないといけないので、知人がいたロサンゼルスに最初に行き、そこで一週間ほど練習をしました。そのときに泊まったモーテルは後ろが岩山、前はうっそうとした山林で、西部劇の舞台のような感じ。怖かったので、寝るときには枕元にサンドウエッジを置いて寝ました。

通訳

米女子ツアーに参戦するとなると言葉が問題となります。ちょっとだけ英会話の学校に通ったことはありましたが、すぐに話せるようにはなりません。ゴルフの試合に出るのが目的だから、わずらわしいことはしたくなかったので、ミズノが通訳を雇ってくれました。女子ツアーだから、ロッカーに入るにも女性通訳でないとなにかと不便。海外経験のある企業マンの奥さんが通訳をかってでて、ツアーにきてくれました。でも女性だけだといろいろと大変なので、現地でもう一人男性の通訳を雇ったのです。

通訳料は一日百ドルでしたが、最初はミズノが払ってくれました。後でわかったことですが、これから後輩もどんどん米国にくるだろうからと、私たちが稼いだ賞金から必要経費を差し引いて、残った賞金をミズノと折半する仕組みになっていました。

これではいくら稼いでも手元に残るお金がなかなか増えないと思い、「自分たちでやらなくては……」と、何年かして佐々木マサ子プロと二人で通訳を雇いました。

一ドルが三六〇円の時代だから毎日三万六千円の通訳代がいる。それに移動する費用、宿泊費も必要なので、試合でがんばらないといけない。ハングリーだったからこそ、後の全米女子プロゴルフの優勝につながったのかもしれませんが、成績が悪いときなどは、通訳代を払うためにゴルフしているような気になりました。

経費を削減するために、同時通訳ができるような素晴らしい人ではなくてもいいからと、日系人の女性などを頼むようにしました。

ゴルフディレクターの戸張捷《しょう》さんの奥さんは日系のジャネットさんという人で、私たちの通訳をやっていただいた方。私たちが米女子ツアーをやっているときに、戸張さんが応援にきてくれて、そこで初めて出会って、そして結婚をしたのです。

あとはロサンゼルスの有名スポーツショップのマーガレット・ナルミさん。彼女はメジャー大会を勝ったときに通訳をしていただいて、ささやかな祝勝会をしたときのメンバーです。

食事

外国へ行くと、日本食が恋しくなるという人が多いです。初めての外国生活ともなるとなおさらです。それでロサンゼルスに着いて、すぐに電気釜とカリフォルニア米を買い込みました。

若いころはお肉が大好きだったので、米国にいっても今日はステーキ、明日はローストビーフ、その次はチキンと手を替え、品を替えて食べれば、ほとんど問題ないと思っていました。

でも一週間ほどでだめでした。日本食が恋しくなるし、ホームシックにもかかり、日本に帰りたくなりました。家に電話をかけたくても国際電話は高いので、それも自由にはならなかったのです。

通訳の女性が週に一度、ご飯を炊いてくれて、おかずは自分たちで買ってきて日本食を味わいました。それでも佐々木マサ子プロからは「もう肉が食べられない。シーフードレストランにいこうよ」と注文が入ったものです。

夕食以上に困ったのが朝食。パン食だったので、食べてもおなかに力が入らない気がして、何とも頼りなかったのです。

一年目で様子がわかったので翌年からは、日本からいろいろ持っていきました。うどんやそうめんなどの乾めん、缶に入ったつゆ、おろし金に小さいナイフ、お米も少しばかり用意しました。佐々木プロはお酒を飲むので、スルメイカやせんべい、焼きのりなどの酒のさかなも持ちました。食事の関係だけで私の大きなボストンバッグ一つが満杯でした。

そんな準備をしていっても、肉食中心には変わりはありません。だから練習が早く終わったような日は、「今日はそうめんを食べようよ」となります。電気釜でお湯をわかして、それでそうめんをゆがきました。根ショウガやネギは米国でも売っていたので、薬味も作りました。

私たちが泊まるのはモーテルなので、食器などはしゃれたものはありません。グラスはあったので、それを器の代わりにして、そうめんを食べていましたよ。

毎年三カ月間、それが十年も続いたのです。苦労はしましたが懐かしい思い出です。

練習環境

米女子ツアーに参戦して驚かされたことがいくつかありますが、その一つが練習環境が充実していること。それはうらやましい限りでした。

一九七〇年代初めの日本の場合は、試合の開催コースのゴルフ場でも雇用の関係があるのかもしれませんが、時間が来ると従業員が帰ってしまう。それでゴルフ場も閉めてしまうので、もう少し練習をしていたいと思っていても、打ち切るしかありません。

米国では練習をしたい人は、ロッカーのカギ一つを自分が持ってさえいれば、いつまでやっていてもよい。本人がやる気さえあれば時間はまったく関係がない。私のような練習好きな人間にとっては最高の環境です。

それに芝生の上からもボールが打てました。当時の日本では、土地が狭いということもあり、マットの上からの練習がほとんどで、なかなか芝生の上からボールを打つことができなかったのです。

米カリフォルニア州コスタメサで行われたケンパー・オープンでプレーする筆者＝1979年4月、AP

向こうではお構いなし。芝生の上からいくらでも打つことができるし、アプローチでもチップショットでも、グリーンに直接打っていける。パッティングだってできました。ゴルフ場の練習場だけではなく、街のゴルフ練習場の施設も整っていました。米女子ツアーに参加しているプロは、そんなところで毎日練習しているのです。日本では試合のときでも練習場が狭かったり、打つボールの数が制限されたりしていたので、すごくいいなとうらやましかったものです。

日本との違い、それがわかっただけでも米国に行った価値があったと思っています。私たちがそういう経験をしているから、後に練習環境の見直しを、試合の主催者やゴルフ場の関係者などに呼び掛けました。

その一つが試合のときの練習は、芝生の上から打てるようにしてほしいということでした。するとマットの前に10ヤードから20ヤードほど芝生を張ってくれて、試合があるときの練習だけは、芝生から打たせてくれました。こうして日本の練習環境も少しずつ変わっていったのです。

家族連れ

米女子ツアーに参戦して何年たっていたでしょうか、すごくうれしくなる光景に出会いました。

それはジュディ・ランキン選手の練習ラウンド。ご主人が子どもを背負い、ランキン選手とゴルフバッグを乗せたカートを運転してコースを回っていました。それを見て「米国って、なんていいところだろう」と感動したのです。

一九七二年にプロゴルファーの松井功さんと結婚をしました。二十七歳のときでした。中村寅吉先生も松井さんとラウンドしながら、私の面倒を見るように話をしてくれていました。

お互いプロゴルファーだから、夫は私のゴルフ活動に対しては理解がありました。七〇年から始まっていた米女子ツアーへの参戦も、これまでのように続けられていたのです。そんなときに米国で出会ったのが、あのほほえましい光景でした。

私は以前から、結婚したら子どもがほしいと思っていました。でも、子どもを産んで、ゴルフを続けたら何と言われるのだろうかと、すごく気になってもいたのです。今でこそ「イクメン」などの言葉を聞きますが、七〇年代ですから。

それが本場の米国で、出産後もゴルフを続ける女子選手らの姿を目の当たりにしました。中には家族と一緒にツアーを回っている選手も多かったのです。うらやましいと思う半面、日本国内でもやれるんじゃないかと感じていました。

女子プロの一期生として、第一人者として、後に続く後輩プロのお手本にならなくてはいけないという意識は強かったし、自覚もありました。それは単にプレーだけでなく、結婚や出産など私生活も含めて。日本では前例がないけれど、手探りで答えを探していたのです。

松井さんとの結婚生活は八三年に終止符を打ちました。今でもいろいろアドバイスをもらうなど良い関係は続いていますが、お互いが忙しすぎました。一つの区切りだと思っています。

持ち帰り

米国では見るもの、聞くものが新鮮でした。

驚いたのはゴルフウエアを見にプロショップに行ったとき。上から下までトータルコーディネートされたものが、いくつもショーウインドーに飾ってあるのです。色もカラフルで、それが帽子から靴下まで一そろいで売っているわけですから。

日本では男性用の小さいウエアにズボン姿が当たり前の時代でしたから、私には衝撃的な光景でした。「すごいな、これは。米国って何ていいところだろう」と感激しました。

そんなショップでピンクのストローハットにピンクのウエアとスカート、全部ピンクでそろえて、日本に持ち帰りました。帰るとすぐに日本女子プロ選手権があるので、それを着てプレーをすると、みんながうらやましがりました。

そのうちに、ほかの選手たちも私たちの真似《まね》をするようになってきて、自分たちでスカートを作ってもらったり、上下をそろえたワンピースみたいなウエアを着るようにもなっていきました。

米国では毎年、新しいファッションが出てきます。米国の選手のスタイルを見ては「ああいう格好がいいな。こういうのもすてきだな」と思うと、すぐに自分たちの中に取り入れました。

日本に帰ると洋服屋さんに、オーダーメードでシャツやスカートを依頼しました。プレーに支障がないような柔軟性がある生地も、自分たちで調達してきて持ち込みました。

新しい波で、女子プロのゴルフスタイルが少しずつ様変わりをし、ゴルフ場に華やかさが出てくる。その流れをメーカーも敏感に感じて、女性用のゴルフウエアを作るところも出てきました。それが今のようなスタイルとなるひとつのきっかけとなったのです。

日本に女子プロゴルフがまだ定着していなかった時代に、私たちが米国から持ち帰ったゴルフのファッションが、いろんな形や方向で広がっていったのは、少しうれしい気がしています。

ヤーデージブック

個人経営の商社のように、私が米国からいろいろ持ち帰ったゴルフ関係のもので、良かったと思っているのがヤーデージブックです。

ボールのある地点からグリーンまで何ヤード、ピンまで何ヤードあるかなどを記したもので、今では日本でも一冊二千円とか三千円で販売され、商売として成り立っています。日本ではそれまで目測でした。米国では選手がコースを確かめて目印を決め、そこから歩いて距離を測り、ノートにつけていました。「これは日本でもやった方がいい」と感じて、米国だけでなく日本でも始めました。

練習ラウンドのときから、ボールの落ちる付近の木などを目印にして、グリーンまでの距離を自分で歩いて測り、それをノートにメモし続けました。

　それを見た日本のゴルファー仲間が「何をやっているの」と聞くので、「歩いて距離を調べている」と答えると「あそこに１００ヤードとか１５０ヤードの目印の木があるじゃないの。ばかじゃないの」と言われました。

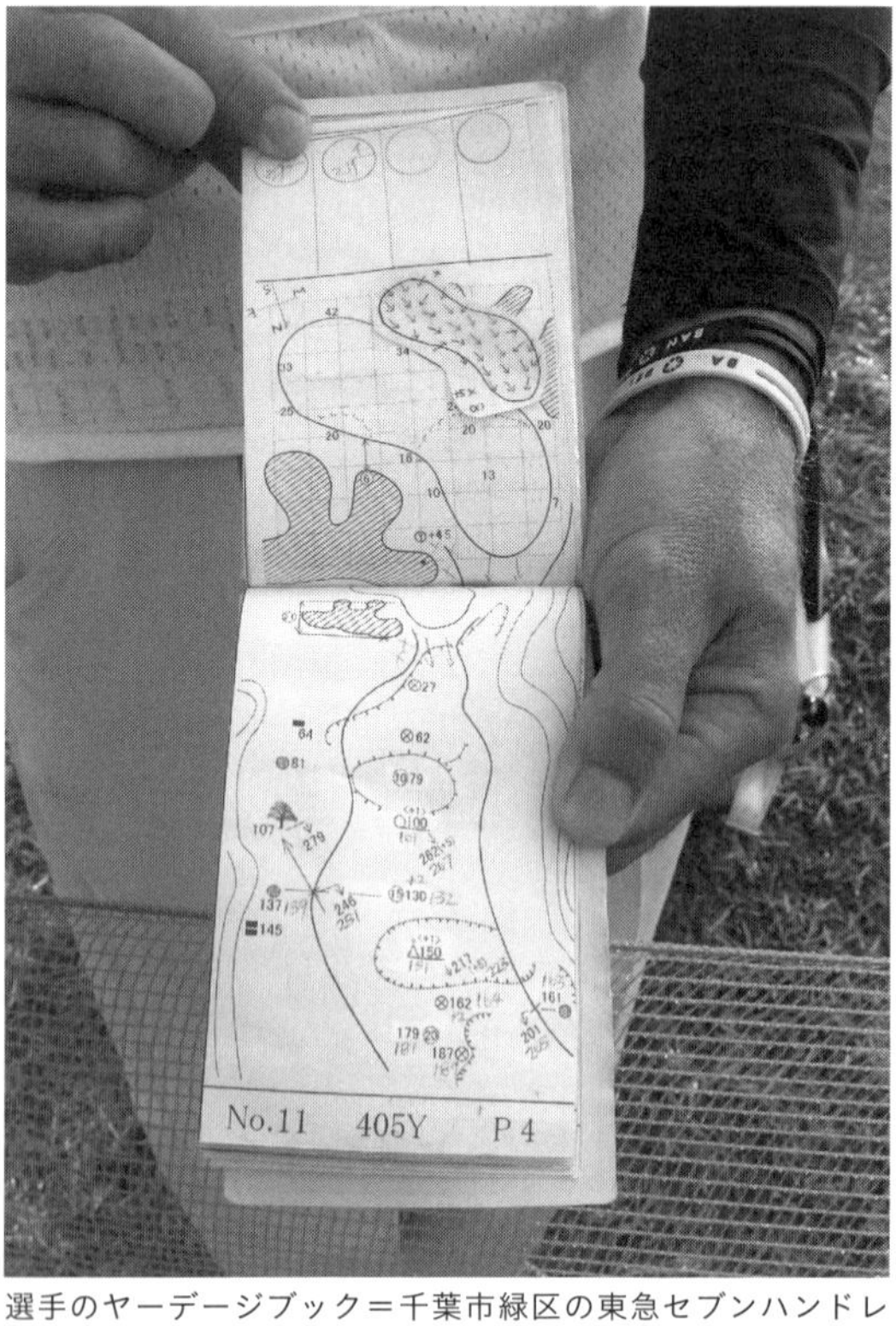

選手のヤーデージブック＝千葉市緑区の東急セブンハンドレッドＣで

　ゴルフ場には確かにあの木が、何ヤードとか目安があります。でも目測は周りの風景、天候、自分の体調によって距離を誤る恐れがあるし、ゴルフ場によっては実際の距離とはちょっと違うところもありました。歩測によって、正しい距離がわかれば、クラブ選択もきちんとできるし、チャンスを広げることも可能です。

グリーンエッジからピンまでの距離も大事。それがわかることで攻め方も違ってくるので、日本女子オープンのときに、日本ゴルフ協会に「せめて毎日変わるピンの位置ぐらいは教えてほしい」と頼みました。

出てきたのが、グリーン上に点がついているだけのもの。今のピンプレスメントシートのように、手前から何ヤード、右から何ヤードと書いたものではなくて距離は全くわかりません。ディレクター専門の人が出てきたり、運営の専門の会社ができたりしてゴルフを取り巻く環境が変わってきてから、やっと距離が書かれたものが出てくるようになりました。今は試合で全選手が使用しています。

米での初戦

ロサンゼルスでの調整をすませて米女子ツアーの初戦を戦いました。あのころは予選会などはなく、ミズノが手続きをしてくれて出させてもらいました。選手は八十人ぐらい。

初めての米女子ツアーの試合。日本にいるときと違って、自分でも何をやっているのかわからないままプレーを続けました。池がたくさんあったコースで、その池にもつかまりました。

ハーフを終わって42のスコア。「これでは予選で落ちちゃうね」と言うと「この試合は予選落ちがない。三日間やるんだよ」と言われ、後半はがんばって36で回りました。１日目のスコア38は覚えていますが、三日間のトータルは覚えていません。

試合中は、自分のプレーで精いっぱい。周囲の選手をいろいろ見る余裕もほとんどなかったけれど、その中で強く印象に残っているのが選手層の厚さでした。１打差の中に十人ぐらいがズラリと名を連ねる。１打の重みの重要さを感じさせてくれ、米国のすごさをあらためて思ったのです。

米女子ツアーの選手は、飛距離がすごく出る人もいますが、私と同じぐらいの人もいました。飛ばす人は曲げる。私は独特のスイングで、飛ばないけれど曲がらない。米国に行くたびに「このスイングでいいのか」と悩んだけれど、「私には中村寅吉先生がいる」と思ってやっていました。

ミッキー・ライトという選手がいます。女子のメジャーを13勝、通算82勝の伝説のゴルファーで、本名はメアリー・キャサリン・ライト。史上最高のスイングといわれたほどスイングがきれいで、もの静かなおばちゃんです。左足を痛めて、あまり試合に出てこなかったけれど、何回か一緒に回ったことがあります。プレーをするとき、ゴルフシューズではなくテニスシューズをはいていました。彼女から「あなたのインパクトは素晴らしい」とほめられたのを覚えています。体をあれだけ動かすのに戻ってくる。それで米国で「マグネティックスイング」と言われました。

一年目の米女子ツアーの成績は、最高が9位。全米女子オープンゴルフ選手権では予選落ちも味わいましたが、貴重な経験となりました。

海外での初優勝

米女子ツアーでは十年戦ったけれど、初めから年数を区切っていたわけではないのです。米国の選手層が厚くて、最初の二、三年は修業するつもりでいなくてはいけないと覚悟していたから、何年挑戦するかわかりませんでした。

二年目にサンドラ・パーマー選手に1打差の2位に入ったことはありますが、通訳を雇っていたから、お金を稼がなくてはいけない。やっていくうちに「ベスト10に入りたいな」「もうちょっと賞金を稼ぎたいな」、そのうちに「優勝をしたいな」と毎年行くたびに、少しずつ目標が変わっていきました。

米国での活躍が注目されるようになってから、海外からの招待もくるようになりました。一九七四年には豪州から招待があって、二月に豪州女子オープンがあるのでこないかと誘われました。

一緒に米国に行っている佐々木マサ子プロに「マー坊どうする。豪州から招待があったので行く？」ともちかけると「二月って、日本は寒くてゴルフもやっていられない。向こうは真夏じゃないの。行ったこともない国だし、行ってみようか」と二つ返事で話がまとまりました。

ほんの軽い気持ちでの参戦でした。会場はメルボルン。行ったらグリーンは速いし、バンカーは垂直の壁のようで、あごにあてるとボールが戻ってくるほどでした。

二日目にトップに立ち、手堅くイーブンパーにまとめた最終日の17番でバーディーを決めて、優勝をほぼ確定的にしました。三日間のトータルは3アンダーの219。地元の豪州の選手に3打差をつけての優勝でした。一緒に行った佐々木プロも5位に入りました。

私にとっては、これが海外の試合で初めての優勝でした。日本でもそうでしたが「第一回の大会というのは永久に名前が残る」と中村寅吉先生から言われていましたが、豪州女子オープンもこれが一回目の大会で、海外初優勝と併せて二重の喜びとなったのです。

2勝目

海外での2勝目は一九七六年に、英国のサニングデールで行われたコルゲート欧州女子オープンでした。

全米女子ツアーの一つとして開催されたもので、今はメジャー大会の一つになっているクラフト・ナビスコの前身、コルゲート・ダイナ・ショアで3位に入ったことで招待されました。

招待選手の航空機はファーストクラス。米国の選手が英国に行くのと比較して、日本と英国はその倍近いおよそ一万キロの距離。コルゲート社のデビッド・フォースター社長から「チャコには一番お金がかかっている」と冗談を言われました。

招待は三年間。優勝は一年目の七六年だけでした。このときはサンドラ・パーマー選手と終盤まで競り合い、16番か17番のショートホールで、長いバーディーパットを入れて突き放したと思います。前の年にパットの病気にかかり、苦しいシーズンを送っただけに、それを知っていたパーマー選手から「チャコ、パッティング、ツーグッド」と声を掛けられ、本当にうれしかったです。

この優勝は、単に全米女子ツアーに勝ったというだけではなく、不安があった私に「まだやれる。今度は米国で優勝したい」という自信と希望を与えてくれました。それが翌年の全米女子プロゴルフ選手権の優勝につながったと思っています。

コルゲートではファーイースト（極東）の豪州、シンガポール、香港の三カ所で毎年、持ち回りで大会を開いていて、それにも招待をされました。優勝はできなかったけれど、香港の大会では2位に入っています。

このころはプロゴルファーといってもマネジャーがいるわけでもありません。招待されたとき以外は自分たちで何から何までやっていました。航空券や宿泊ホテルの手配から生活に必要な品の買い出しなど。

そういう一つ一つが、いい経験になっていったし、その後に日本女子プロゴルフ協会の会長として仕事をしていく中でもおおいに役だったのです。

その瞬間

早かったのか、遅かったのかはわかりません。一九七七（昭和五十二）年六月十二日、誰もが欲しがる全米女子プロゴルフ選手権のタイトルを手にすることができました。プロゴルファーになって十一年、米ツアーで戦い続けて八年目で女子の世界一に。三十一歳八カ月。長いゴルフ人生を振り返っても私の最高の日になったのは間違いありません。

この年はプロ野球の王貞治選手が７５６号本塁打を放ち、世界新記録を達成しています。独特といわれる私のスイングは、恩師の故・中村寅吉先生が工夫に工夫を重ねてあみだしたもので、どこか王選手の一本足打法と重なります。これも何かの縁でしょうか。

サウスカロライナ州ノースマートルビーチの最終日の最終18番（パー5）。3打目を打ち終えて、グリーンを取り巻いた大勢のギャラリーの歓声と拍手に迎えられながら、花道からグリーンに上がりました。ボールはピンの左2㍍ほどのところに乗っていました。

2位とは3打差。優勝を確信しました。グリーンサイドで同じ組の選手のプレーを待っている間、八年間のことが頭の中を駆け巡り、これでゴルフをやめてもいいとさえ思いました。

3パットでも勝てるけど格好良くバーディーでしめよう――でも、少し外れてウイニングパットはパー。

その瞬間でした。じっと私のパットを見守っていたギャラリーから割れるような歓声と拍手が起きました。私はパターを手にしたまま、両手をあげてそれに応え、日本人らしく帽子をとって「ありがとう」と一礼したのでした。

英国で開催の米ツアーで優勝していましたが、米国でどうしても勝ちたかった。チャンスはあったけれど、最後に巨大な壁にはね返されてきました。その夢がメジャー大会で実現できるなんて。こみ上げる万感の思いをかみしめました。

ギャラリーの声援に応える筆者＝1977年6月12日（写真提供：UPI＝共同）

スコアボード

一九七七年の全米女子プロゴルフ選手権。この大一番に臨むに当たり強く心に決めていたことがあります。どんなことがあっても最終日はスコアボードを見ない、ということ。実はこの前の週、私は苦い経験をしているのです。最終組で回りながら、勝ちを意識しすぎて、80をたたいて自滅。だからこれは、プレッシャーに負けないための作戦です。

初日は1アンダーの71で4位と無難なスタート。二日目に67のベストスコアで首位に立つと、いつものようにプレッシャーがかかってきましたが、三日目はなんとかイーブンでおさめました。

迎えた最終日。五人が首位タイで並び、私はカナダのサンドラ・ポスト、米国のジュディ・ランキン両選手とともに最終組。前の組には同じく米国のパット・ブラッドリー選手がいました。ランキン、ブラッドリー両選手は後に世界ゴルフ殿堂入りしている実力者です。

大きなスコアボードがあるクラブハウスの前は、下を向いて通り過ぎ、各ホールにある

全米女子プロゴルフ選手権で優勝した筆者＝1977年6月12日（写真提供：UPI＝共同）

ボードも意識して避け、順位を意識しないでプレーを続けていました。

でも、思いがけないことが起きます。15番でバーディーチャンスにつけてグリーン上でラインを読んでいると、目の前で何かがチラチラ動く。気になって目をやると報道カメラマン。その後ろにスコアボードが視界に入りました。ボードの一番上に私の名前。あわてて目をそらしたのでストローク差までわからなかったけれど、見たくないものを見てしまいました。大変だ、どうしよう、どうしよう。動揺しましたね。

16番に向かう途中、緊張感が増してしびれだしました。そうなると手は動かなくなるし、体も自由にならない。16、17番をパーでしのぎ、残り1ホールまできましたが、肩で大きく息をしている状況で、いつもの自分ではありません。心配したキャディーが、私の肩を抱くようにして「落ち着いて、落ち着いて」とジェスチャーまじりで声をかけ、平常心を取り戻させようと必死だったのを覚えています。

キャディー

プレー中のゴルファーにとって唯一の味方がキャディーです。暑ければ飲み物を準備し、雨のときは傘をさしかけてくれる。グリーンの芝の目も読むし、風も計算する。時には雑談にも付きあうし、励ましてもくれる。

「キャディーのアドバイスに助けられた」。こんなゴルファーのコメントを聞いたことがあると思いますが、一流のキャディーはそんな頼もしい存在です。

一九七七年の全米女子プロゴルフ選手権で優勝したときに私のバッグをかついでくれたスティーブ・コーチャーさん。この試合で初めて使ったキャディーでした。

コーチャーさんは、全米女子オープンゴルフ選手権を二度も勝っていたドナ・カポニ選手（米国）のキャディーをしていたので、前からよく知っていました。大会の直前になって解雇され、私に使ってくれないかと頼んできたんです。喜んで引き受けました。

米国で実績のない選手は、地域のキャディーや学生を使います。料金が安いということもありますが、経験豊富なキャディーは引っ張りだこ。お願いしてもなかなか引き受けてもらえない。選手として実績を積んでいくうちに、キャディーの方から使ってくれないかと売り込んでくるようになります。

コーチャーさんを使ったのは正解で、私との相性もバツグンでした。彼は毎日、スタート前に全コースを歩いて回り、その日のピンの位置をチェックし、風の向きや強さを確認、各ホールの特質も入念に調べてきました。それをもとに的確なアドバイスをくれました。

一流キャディーならそんなことは当たり前と思うでしょう。でも、当時の私にはとても新鮮で驚きました。そういう経験をしたことがほとんどなかったから。

終盤のしびれる場面をなんとか粘り切れたのは彼のおかげ。心技ともに私を支えてくれたコーチャーさんには心から感謝しています。

コンドミニアム

全米女子プロに勝った当時、私は米国女子ゴルフツアーに参戦して八年目、毎週全米各地を転戦してました。だいたいは木、金曜日が予選ラウンド。土、日曜日が決勝ラウンド。それが終わると、すぐ次戦会場に移動して月曜日からコースの下見を兼ねてラウンドをします。

　異国の地は予想外のハプニングの連続です。全米女子プロのときもいろいろありました。宿に選んだのはできて間もないコンドミニアム。新調の家具が並び、やっぱり新しい部屋は気持ちいいなと思ったのもつかの間、備品が全然整っていないことに気付きました。一番驚いたのは窓にカーテンがついていないこと。私は部屋が暗くないと眠れない。困ったな。そこで見つけたのがベニヤ板。なぜか部屋の隅に置いてありました。これを窓に立てかけて代用したんです。

　でも悪いことばかりじゃありませんでした。電話が部屋につながっていなかったのには助かりました。大会で上位に入ると、日本から取材電話が殺到し、それがプレッシャーになることがあります。私、試合中のスコアボードさえ気になるタイプだから。今考えれば、マスコミのわずらわしさから解放されたことも勝因の一つです。

　こんなこともありました。日本から一緒に参加していた佐々木マサ子プロが「早く会場入りしようよ」と言うので、日曜日の夜遅くコンドミニアムに着きました。荷物の整理などをしているときに、佐々木プロがナイトテーブルに頭をぶつけてしまったんです。練習ラウンドのある月曜日は朝から病院に付き添いました。

　だから大会ホールを全部回れないまま、試合に臨むところだったんです。大会直前の火、

優勝セレモニーでポーズをとる筆者＝1977年6月12日（牧野泰さん撮影）

水曜日にプロアマ交流イベントがあり、これに参加して全ホールを経験できたのはラッキーだったけれど。いろいろあって練習不足は間違いありませんでした。

あのコンドミニアムには本当に振り回されたけれど、結果的にプレーに集中できたのかもしれませんね。

たった一人

今、宮里藍さんや松山英樹さん、石川遼さんら多くの日本人選手が米国で活躍しています。メジャー大会ともなると、日本から数多くのメディアやファンが駆けつけ、グリーンサイドやティーグラウンドに日本語の声援も飛び交います。国内にいてもテレビがライブ放送するので手軽に本場の競技を楽しめる。いい時代になりました。

私が全米女子プロゴルフ選手権を制した三十七年前、日本でのテレビ放映はありません。それどころか私を取材してくれたのはたった一人でした。信じられないかもしれませんが。

ロサンゼルス在住でサンケイスポーツの特別通信員だった牧野泰《やすし》さん。私が初日から上位でがんばっているのを知って小さなカメラ片手に駆けつけてくれました。ロスは西海岸。東海岸のサウスカロライナ州まで三千五百キロ。東京～名古屋間の十倍近い距離です。

牧野さんがいたから貴重な写真が今も残っているし、なにより日本のマスコミ人が歴史的な優勝の瞬間を見ていてくれていたことが私にしてみればすごくうれしかった。あの小さなカメラで撮ってくれた歓喜の瞬間の写真は私の宝物です。

全米女子プロゴルフ選手権のトロフィーを手にする筆者＝1977年6月12日（牧野泰さん撮影）

表彰式も終わり、祝勝会を開こうということになりました。が、間が悪いことに、現地はアルコールに規制のある地域。レストランに行ってもお酒がないし、街でも売っていない。牧野さんがわざわざ隣の州まで行ってワインを買ってきてくれました。

夜になって、それを持ってレストランに食事に出掛けました。オーナーに「優勝の祝杯をあげたい」と事情を説明し、コーヒーカップを貸してもらって、牧野さん、佐々木プロ、通訳の女性の四人で乾杯。周りを気にしながらひっそり、ささやかに。

だから凱旋《がいせん》帰国したときはびっくり。羽田空港に着いたら三、四十人の大報道陣が待っていました。カメラのストロボの光に目がくらんだのを覚えています。

米卒業

一九七九年の米女子ツアーの参戦を最後に十年間戦ってきた米国を離れることにしました。米女子ツアーからの卒業です。

理由は、日本女子プロゴルフ協会の二瓶《にへい》綾子理事長から「日本のツアーに専念してほしい」と懇願されたから。私たちが米女子ツアーに出掛ける毎年四月から六月の三カ月間、国内の試合にスポンサーがつかず、試合がほとんど成立しないというのです。

そういう声は以前から聞いていました。七八年に始まったＪＵＮＯＮ女子オープンもそうした要望を受けて出場し、勝ちました。七月三十日という夏真っ盛りでしたが、優勝の副賞が毛皮のコートだったのでよく覚えています。だから十年たったので「いい機会だから、これからは日本でがんばろう」と考えたのです。

米女子ツアーを卒業することに心残りはありませんでした。海外の豪州で勝ち、英国でも勝ちました。米国では、一番勝ちたかったメジャーの全米女子プロゴルフ選手権のタイトルも手にできました。

全米女子オープンゴルフ選手権のタイトルもほしかったけれど、いつチャンスが巡ってくるかわからない。途中経過で首位に立ったこともあったので、「夢を見られただけでも良かった」と思ってこだわりを捨てました。

米国滞在は毎年わずか三カ月だったので、華々しい成績を残すことは難しい。そんな中でメジャー大会を優勝できたことは、何事にも替え難い名誉だと思っています。もし、米国での勝利がメジャー大会でなかったら、米女子ツアーの戦いを続けていたかもしれません。

米国の選手に比べて飛距離が出ない私が、ここまでやれたのは「ショットが曲がらない」という大きな武器のおかげ。米国の選手がアイアンで打つところを、フェアウエーウッドで攻め、飛距離のハンディを帳消しにしたのです。

グリーンの速さ、芝の違いによるアプローチの難しさには悩まされましたが、終盤は「少しは克服できたかな」と思っています。自分の目標も達成できたし、やり終えた感じはあります。

第五章　先駆者として

予選落ち

一九八三年九月二十三日は私にとって印象深い日です。滋賀県の蒲生ゴルフ倶楽部で行われた日本女子プロゴルフ選手権で、予選落ちをした日です。六七年にプロとなって以来、全米女子オープンでは予選落ちをしていますが、日本国内ではこの大会が初めて。

アプローチとパッティングの調子が悪く、初日は5オーバーの77。2日目もスコアを伸ばせず、最終18番に予選通過を託しましたが、3打目をグリーンオーバー。パターでよせようとしたものの6メートルオーバーして、この日も78でホールアウト。トータル155のスコアで、1打差及ばずの予選落ちでした。

第一回大会から7連覇を含む9勝を挙げ、自分には験のいい大会での予選落ち。少しでも早くコースから離れたい心境でしたが、記者会見のようなものを求められました。「予選落ちをして、なんでインタビューを受けなくてはいけないの」と一度は断ったのですが、「これまで強かったので、予選落ちもニュースになるのか」と納得して応じました。

落ちた心境を聞かれて「長くプレーをしていれば、いつかはこんなこともあるでしょう。こんな大きな試合で残念です。でも落ちたことより、よくここまでやってこられた」と答えたと思います。

これでやっと解放される。そう思って米国のキャシー・ウィットワース選手の「予選落ちを怖がっていたら、いいゴルフができないよ」のアドバイスを思い出していたら、今度はテレビ局が、決勝ラウンドの解説をやってほしいと頼んできました。

気持ちとしては帰りたかったけれど「しょうがない。これも第一線で戦ってきたゴルファーとしての務めの一つか」と考え直し、引き受けました。

今のテレビのゴルフ中継では、プロゴルファーの解説は普通に行われていますが、現役でプレーしている選手がやることはあまりありません。八〇年代初めにもなかったし、もちろん私も初めてでした。

これがきっかけで、テレビのゴルフ中継も大きく変わっていきました。

出産

現役のバリバリのころはゴルフしか考えられなかったけれど、一生ゴルフが続けられるわけではないので、もう一度結婚をしたいと思うようになりました。

それで主人の大塚克史と結婚したのが一九八五年五月です。プロゴルファーではないけれどゴルフは好きで、私を半分は私人、半分はゴルフ人のようにしてくれたので、試合にも普通に出ていけました。

踏み切らせたのは、私自身が女性一人ではやっていけないという思いもありましたが、米国で出産してもゴルフを続けている人がいることを知って、自分もそうしなければいけないと思ったからです。

そういうのを見なかったら結婚をしなかったかもしれないし、できなかったかもしれません。

結婚してからはずっと子どもが欲しいと思っていました。それが八七年のヤマハレディースオープンで、通算70勝目を挙げた後に妊娠していることがわかりました。すぐにゴルフは休業宣言。「自分にとっては、これが最初で最後のチャンスかもしれないので、大事にしなければ……」。ただそれだけを思い続けました。主人の理解と助けもありがたかったです。

産婦人科の先生からは「四十二歳の高齢にしては、体がまだ若いですよ」と言われて少し自信も持ちました。毎日、親指大のレバーを食べなさい、海藻は欠かさない、体重は十キロまでなら増やしてもいい、とアドバイスを受けました。

初めての出産だったので、無事ならば男の子でも女の子でもどちらでもいいと思っていました。八八年二月二十九日、無事女の子を出産。体重二七六〇グラム。何ともいえない喜びがこみあげてきました。先生からは「小さく産んで大きく育てなさい」と言われました。「うるう日」が誕生日になるのはどうかと思って「二月二十八日とか三月一日にしなくていいですか」と聞くと二十九日でいいと言われ、「久仁

久仁子ちゃんを抱く筆者。右は夫の大塚克史さん＝1988年3月、東京・赤坂で

子」と名付けて出生届を出しました。

ゴルフをして体が丈夫だったことや、子どもが欲しいという強い思いが、高齢出産というハードルを乗り越えさせてくれたと思っています。

節目の勝利

数多く勝っているので、一つ一つの内容はよく覚えていません。それでも節目となる優勝には、自分なりにはそれぞれのドラマがあったと思っています。

通算50勝目を挙げたのが一九七九年に石川県能美市の白山カントリー倶楽部で行われた北陸クイーンズ。最終日に66のスコアを出しての逆転優勝でした。これを記念して北陸放送の社長が、ゴルフ場に「樋口久子プロ五十勝記念」の碑をわざわざ建ててくれました。

60勝目が八三年の紀文レディースです。埼玉県の嵐山カントリークラブで行われ1打差の逃げ切り優勝でした。この試合も記念すべき第一回で、クリスタル製のウイナーズベルが印象的でした。

優勝賞金の四百万円は、日本で初めての重症心身障害者の施設として六一年に東京の多摩市に開園した島田療育園、現在の島田療育センターに全額寄付をさせてもらいました。当時の紀文の社長さんがこうした活動に理解があったので、それを聞いて寄付をしたのです。

これがきっかけで九七年の十五回大会から私の名前が冠についた「樋口久子紀文クラシック」が生まれ、その後は「樋口久子ＩＤＣ大塚家具レディース」そして「樋口久子森永レディース」と名称を変えながら現在まで続いています。

通算60勝目をあげた紀文レディースの優勝トロフィーにキスをする筆者＝1983年4月

現役選手の冠大会は、中村寅吉先生の「日経カップ中村寅吉メモリアル」に次いで二人目というのも何かの縁ですし、自分の名前をタイトルにつけてくれたことにすごく感謝しております。

八七年のヤマハカップレディースで通算70勝目を挙げました。まだまだ現役でやるつもりでしたから、70勝も単なる通過点としか思っていませんでした。「60勝までは長かったけど、70勝までは早く感じた」というのが印象でした。

その後です。女性樋口久子にとって最大の出来事がわかったのは。それが、前にも書いた妊娠でした。やはり節目のときにはいろいろなことがあるものです。ちなみに全米女子プロゴルフ選手権の優勝は通算40勝目でした。

ツアー制度

日本の女子ゴルフが大きく変わったのは一九八八年のツアー制度の導入からです。六七年の日本プロゴルフ協会女子部から独立し、日本女子プロゴルフ協会が七四年に設立されてから初めてといっていいくらいの改革で、スポーツ競技団体として、適正なトーナメントを開催していくための礎ともいえます。

それまでの女子の試合は、スポンサーの意向が強くて、出場選手にしても、賞金の分配方法にしても、内容がバラバラでした。

出場選手の人数は「うちはトップの三十人がいればいいよ」とか「うちは五十人に出てほしい」「トップ六十人にきてほしい」といった具合でした。決勝ラウンドの最終組の組み合わせも「1、3、5位の順位でいきます」「2位、4位、6位にします」「うちはオーソドックスに1、2、3位です」と、これまた好き放題でした。

賞金にしても「総額で三百万円でやって」「うちは五百万円出します」という金額の違いは、スポンサーにも事情がありますのでわかります。困ったのは、賞金総額に対して優勝賞金だけが突出して高いケースでした。

例えば賞金総額三百万円で、優勝賞金が百万円となると、スポンサーは目立つでしょうが、下位の選手に配分される賞金があまりにも少なくなりすぎます。

プロゴルファーですから、試合で手にする賞金は重要な収入源。それが試合に出るにも、賞金をもらうのもスポンサーの思惑次第となると、選手もやっていけなくなります。

米女子ツアーで米国の方式を見てきたし、協会の副理事長、副会長を長く務めてきたので改革に乗り出しました。

競技運営委員会で部門長やトーナメントを担当したこともある小林法子プロ、ゴルフディレクターの戸張捷さんにも協力をしてもらいながら、出場選手は百八人、予選のカットラインは50位にしました。それが今の女子ツアー制度の基本になっています。賞金配分も米女子ツアーを参考に、優勝者は総額の18％と決めています。

復帰

一年八カ月の長い産休から、一九八九年三月の紀文レディースでツアーに復帰しました。復帰したといっても以前と同じようにはいきません。これまでは、自分中心で考えていましたが、子どもという宝物がいます。子どもが中心になるのは当然のこと。

ママさん選手の先駆者でもある森口祐子プロを参考にしたりして、練習の計画なども考えましたが、子どもが熱を出したり、風邪をひいたりと予定通りにはなかなかできません。練習に出掛けるときにも子どもに泣かれると、後ろ髪を引かれる思いでした。

もともとが練習大好き人間で、試合の終わった次の日にも練習をしていたほど。練習の積み重ねで、これまでがあると思っています。

だから復帰するからには、用意周到で試合に出たかったのです。でもそれを考えていたら、いつ試合に出られるかわからない。悩んだ末に考えたのがスポンサーには申し訳ないけれど、試合をしながら自分の調整をしていくことでした。

試合になったら、いろいろ心配してもしかたありません。子どもはベビーシッターさんに任せてあるのだから、自分はゴルフを、試合を一生懸命にやっていこうということだけでした。

久仁子ちゃんを抱いて、ハワイのアサヒビール大橋巨泉ゴルフトーナメントに出発する筆者＝1989年1月、成田空港で

長いブランクからの復帰は、過去に何十勝していても関係ない。気持ち的には出られるだけでうれしかったのです。「ハラハラ、ドキドキ、ウキウキ」でした。でも一日が終わると気持ちを切り替えて、今度は家のことを考える。夜には電話を何度も入れて、子どもの声を聞きました。

その復帰戦ですが初日74、二日目86で予選を通過できませんでした。二十年以上もゴルフをやってきたのに、やはり二年近くのブランクは大きかった。ドライバーなどの大きなショットは何とかなりますが、得意だったアプローチやパッティングがなかなかうまくいきません。

それでも何度も試合をして、少し慣れてくると、当然のことながら勝ちたいという気持ちが募ってきます。それには練習をしなくてはいけない。それを強く感じました。

復帰後の優勝

復帰したからには優勝をしたい。その思いは強くなるばかり。復帰一年目も日本女子プロで5位、日本女子オープンで4位に入るなど、現状を考えるとまずまずだったと思いますが、やはり「勝てなかった」ということが物足りませんでした。

待ち望んだ優勝を手にしたのは一九九〇年八月、石川県の白山カントリー倶楽部でのａｎクイーンズでした。それも大逆転での優勝でした。

首位の平瀬真由美プロと5打差で迎えた最終日、バーディーラッシュで猛追しました。平瀬プロも粘りましたが後半の二つのダブルボギーが響き、7バーディー、ノーボギーの65で回った私が2位に1打差をつけて復帰後初の優勝を果たしました。

白山カントリー倶楽部での優勝は、これが三度目と相性がよくて、調子が悪くてもここへ来るといい感じになってきます。このときもそうだったし、通算50勝目のときもそうでした。

一度勝つとそれが自信となります。九月の広済堂アサヒゴルフカップでは、初日の6アンダーの貯金を守り切って優勝しました。このときは千葉の自宅から通いました。毎日、子どもの顔を見られたのは励みにもなりました。

ゴルフをやっているときは一人だから、ママさん選手という意識はありませんでした。ただ結婚をして、子どもが生まれてもゴルフができるということを証明しなくてはいけないと思っていたので勝ちたかった。その中で努力をして勝てたのがうれしかったのです。

子どもが、母親の優勝を理解できる年齢だったらもっと良かったけれど、当時は二歳半すぎ。親として私は、子どもの前で勝ちたい気持ちがすごくあったから、勝った姿を見せられなかったのは少し残念でした。

私は一番きらいなのは「結婚したから、子どもを産んだから、成績が悪くなった」と言われること。なんの根拠もないのに。そう言われると、逆にもっと頑張ろうという気になりました。それは自分のためというより、主人の名誉、子どもの名誉のために。

広済堂女子ゴルフで優勝し、ガッツポーズする筆者＝1990年9月、千葉広済堂CCで

ゴルフは嫌い

子どもを育てながらプロとしてゴルフを続けられたのは、やはり主人の理解と協力があったことが一番です。それと東京に住んでいたから、近くに子どもの面倒を見てくれるような施設があったり、人がいたからだと思っています。

娘の久仁子にゴルフをさせようと考えたことはありませんでした。五、六歳のころは、私がジュニアクリニックをやっていたので、一緒に連れて行って、参加した子どもたちと楽しそうにやっていました。だから、クラブを振ったり、ボールを打つことはできました。

このころは「ママはゴルフをするのが仕事。くにちゃんは幼稚園、小学校へ行くのが仕事」と話をすると、わかっていてくれました。試合でホテルに泊まっているときは、一日に何度も電話でその日の出来事などを話したりしていました。

小学校の五、六年のときだったと思います。主人もゴルフが好きなので、二人で出掛けることがありました。そんなとき、娘一人が家に残るので「ゴルフをやらない？　一緒に遊びに行けるよ」と誘うと「いやだ、しない」と拒否されました。

「なんで」と聞くと「私がゴルフをやったら、私と（思いが）一緒になる子どもができてしまうのがいやだから。だから私はゴルフをしない」。

この言葉を聞いて「グサッ」ときました。ゴルフに母親を奪われた感覚が娘にはあったんです。「そばにいてほしいときにはいない、いつもいない。この歳《とし》で娘はそこまで考えていたんだ」と、すごくショックでした。

ちょうど現役を離れ、女子プロゴルフ協会の会長になって二、三年目ぐらいでした。協会の仕事に試合の主催者へのあいさつ、前夜祭、プロアマへの参加、試合の表彰式とやることがめじろ押し。空いた時間を利用しては、新たなスポンサー探しなど時間が足りませんでし

久仁子ちゃんとともに45歳の誕生日を祝う筆者。左は小林浩美さん＝1990年10月

た。その時、その時におかれた立場を一生懸命やるタイプなので、会長職を優先していました。

それが娘から見ると「母親不在の家庭」を作り出してしまったようです。でも最近では娘とも一緒にコースを回るようになりました。

現役を離れ

私の辞書には「引退」という言葉はありません。

プロゴルファーは個人競技なので、野球選手やサッカー選手などと違って日本女子プロゴルフ協会の永久会員です。ツアーの試合に出られなくても、それは出場資格を取れないために、出たくても出られないだけです。

自ら引退宣言をしない限り、プロゴルファーをやめるわけではない。努力をして再び、出場資格を取れる可能性もあるし、ティーチングプロなどの指導者として活躍する道もある。逆にいえば「引退宣言をしたならプロゴルファーをやめてほしい」と思います。

私の場合は、永久シード権があります。試合に出場しようとは思っていませんが、出ようと思えば、今でも出ることができる。ですから引退という言葉はあてはまらないのです。長い産休から復帰するにあたって「もう一回勝ちたい」というのが目標でした。2勝することはできましたが、それからは下降線をたどるばかり。勝ちたいけれど、なかなか勝てない。

年齢を重ねて体調や成績を維持していくのも大変なので、自分の目標も変わってきます。勝つということより、できるだけ長くゴルフをやっていたい。私が出ることで、ゴルフファンやスポンサーが喜んでくれるなら、それはそれでいいのかなと思うようになったのです。

だから、勝てないこと、年齢的な理由で試合から離れること

日本女子プロゴルフ協会の新会長に選ばれ、会見する筆者。右は清元登子前会長＝1996年12月、東京都墨田区で

はもともと考えていませんでした。けれど、一九九七年の日本女子オープンを最後に事実上、現役生活から離れました。きっかけは、女子プロゴルフ協会の会長に選ばれたためです。

トーナメントから離れることに心残りはありませんでした。これまでゴルフを十分やってきたし、これからはゴルフ界のために頑張ろうと思ったからです。ただ会長になって一、二年は「こんないい天気に、ゴルフ場にいるのに、なんでゴルフができないの」と寂しい思いも残りました。これには困りました。

会長就任

「これ以上、断るわけにはいかない。これからはゴルフ界に恩返しをしよう」と思って日本女子プロゴルフ協会の会長を引き受け、正式に就任したのが一九九七年二月でした。

最初にやろうと思ったことが二つありました。一つは米女子ツアーにいって合理的な面を学んだので、日本もこうしなければと考えていた協会の二部門化を図ること。もうひとつは、日本のゴルフの歴史や先駆者の果たした功績を広く知ってもらうための日本ゴルフ殿堂をつくることでした。

二部門化は、より質の高い指導者の育成と充実、職域の拡大とジュニアのスペシャリストなどを担うゴルフ・ビジネス・ディビジョン（GBD）と、試合のためのトーナメント・プレーヤーズ・ディビジョン（TPD）を設けることで、それぞれが目的にそって活動しやすいようにするためで、二〇〇三年に実現しました。

改革をしながら会長としてスポンサー回りを続けました。当時はバブルがはじけた後で、景気もどん底でした。多いときは三十八試合あったのが、会長になったときには三十四試合にまで減っていたのです。

日本女子プロゴルフ協会の会長就任の記者会見をする筆者。右は岡本綾子副会長＝1997年2月、東京・芝公園のABC会館で（写真提供：共同通信社）

テレビの視聴率、ギャラリーの動員数という数字を気にされるスポンサーが多かったのは、費用対効果を考えれば当然のことです。当時のテレビ視聴率は2・5％や3％と低かったのです。

視聴率にしても、ギャラリー動員数にしても、協会としてはすごく気になってはいましたが、ゴルフ人口も少ないし、自分がゴルフをしていないと、あまりゴルフ中継も見てもらえないし、ゴルフ場にも足を運んでくれません。

とくに女子ゴルフは、こうした傾向が強く、これがネックでした。解消するにはゴルフ人口やゴルフファンを増やすしかないと思いましたが、それにはどうすべきかが難しかった。

協会の理事だった小林法子プロなどと相談をしながら、その方策を検討してきました。その結果、小林プロが理事会で提案した「キッズゴルフ」を手掛けることにしました。これが起爆剤となってくれればと期待を込めて。

プロも誕生

若手プロが次々と誕生している「キッズゴルフ」を始めたのは一九九八年からでした。コニカミノルタさんやリコーさんが「樋口さん、側面から応援するので、なにかしなさいよ」と声をかけてくれたので、前へ踏み出せました。私たちもセールスに歩いてスポンサーを集めました。

最初のころは年に五回、北海道から九州、沖縄まで行きました。一会場で八十人ぐらいの子どもを集めて開催しました。

午前九時半に開講式、十時から二時間、アプローチやパッティングの練習、午後は一時からプロと一緒にコースに出て2、3ホールラウンドします。初めてクラブを握る子どもや、しっかりとしたショットができる子どもなどさまざま。私の担当は三、四歳の子どもと芝生の上で遊んだり、カートに乗せたりする保育士さん役。上級者の子どもは、現役を離れてまだ年数がたっていない女子プロが一人で三人の子どもの面倒を見ています。

願いは、多くのゴルフファンを育てること。そして一人でも多くのプロゴルファーが育ってくれればいいな、と思います。

私が会長を務めていた十四年間で、四千人以上の子どもが「キッズゴルフ」に参加しました。この中から、現在プロとして活躍している選手も数多くいます。

諸見里しのぶプロ、大江香織プロ、斉藤愛璃プロなどトーナメント試合で優勝する選手まで出てきています。「会長のサインをもらいました」「スイングがいいとほめられました」と当時のことを覚えてくれています。

若手の藤田光里《ひかり》プロも、

子どもを指導する筆者＝2004年7月9日、埼玉県川越市で

小学校二年生のときから北海道の会場に姉妹できていたのを覚えています。

十四年間やってきて、テレビの視聴率も上がっているし、女子ゴルフに関心を持ってくれる人も増えている。成果はしっかり出てきています。

生きの良さ

魅力あるツアーにするために、新しい制度もどんどん取り入れました。その一つがクォリファイング・トーナメント（QT）制度でした。それまでは女子プロ協会のプロテストに合格した選手しか出場できなかったツアーに、外部からの人も受け入れ、4ステージを戦ってきたQTランキング上位の選手が参戦できるようにしました。今調子がよくて、生きのいい若い選手たちを出場させ、ツアーの活性化を図るのが狙いでした。

韓国選手の多くが、この制度を利用してプロとして活躍していますし、日本の選手で売り出し中の若手の成田美寿々さんもこの制度で二〇一二年のツアー出場権を取って、その年の富士通レディースで優勝し、翌年のプロテストに合格しています。佐伯三貴さんや原江里菜さんなどのトッププロもかつてQTで戦っていました。

それとアマチュアの出場制限を撤廃したことです。

それまでは、アマチュアがツアーに出場できるのは四試合まででした。それをスポンサーの推薦があれば、制限なく出場できるようにし、その中で優勝したら、ツアープロとして一年間、出場する権利を渡しました。ツアープロとして出場しているときに再度優勝したら、会員として迎え入れることにしました。

それから間もなくです。宮里藍さんがミヤギテレビ杯で優勝しました。当時は東北高校の三年生で、清元登子《たかこ》プロ以来のアマチュア選手の優勝でした。

宮里さんに「プロとして一年間やりますか」と聞くと「やります」ということだったので、プロ宣言をしてもらい、TPD（トーナメント・プレイヤーズ・ディビジョン）登録をしたうえで一年間の出場権を与えました。宮里藍プロの誕生です。

すると翌年、宮里プロの地元の沖縄で行われたダイキン・オーキッド・レディースでツアー2勝目を挙げました。プロとしての実力は十分あることが証明されたので、日本女子プロゴルフ協会の会員として迎え入れたのです。

衝撃的ともいえる宮里プロの登場が、女子プロゴルフの人気を大きく盛り上げてくれました。その意味では改革がもたらした効果といっていいはずです。

後に続く

アマチュアから一躍プロのヒロインとなった宮里藍プロ。これに刺激を受けた人は多くいました。

同じ一九八五年生まれの横峯さくらプロもその一人でした。横峯プロはアマチュア時代から宮里プロと戦ってきた仲ですし、二〇〇四年のプロテストに合格した後、ステップ・アップ・ツアー（下部リーグ）や新人戦の加賀電子カップでも優勝してシード権も取っています。宮里プロに加え横峯プロの登場で、人気はさらに盛り上がりました。

それまで女子ゴルフは、スポーツ新聞ぐらいしか取り上げてくれなかったのが、一般紙や週刊誌も大きく扱うようになりました。ゴルフを知らない人からも「藍ちゃん、さくらちゃん」と呼んでもらえ、アイドル的な存在となったのです。

その一方で第二、第三の宮里プロを目指してアマチュアが、より積極的にツアーに出場するようになりました。昔のアマチュアは、プロと一緒となると一歩引いてしまうところがあって、優勝なんて考えもしませんでした。それが今の選手はプロの中に入っても、ものおじしないのです。

二〇一四年、高校生の勝みなみさんがツアー優勝しましたが、これが他のアマチュアの選手にすごい刺激を与えました。ツアーに出場するアマチュアは、将来プロを希望している人が多く、勝さんが優勝できるなら自分も勝てるはずと思っています。そのやる気が、ツアーをより面白くしているのです。

一四年のプロテストで合格した選手の中に、合格順位に納得していない人がいました。「プロだからトップで受かりたかった」という気持ちはよくわかります。協会もトップ合格者と2位以下の合格者とは、明らかに違う扱いをしています。

トップ合格は試合に出場できる特典が与えられますが、2位以下の合格者は「ルーキーキャンプ」として、日本女子プロゴルフ選手権でスコアボードの数字を変えたり、ギャラリーの整理などをする裏方をやらされます。そこで「プロは勝たなければ」という意識が生まれるし、裏方を経験することで試合に出場するとき、関係者へ感謝の気持ちが持てます。それがさらなる成長へとつながると思っているのです。

試合数

　一時は三十一まで減っていた試合数も順調に増え、二〇一四年度は三十七試合が行われました。年間を通して、どのくらいの試合数がふさわしいかと聞かれることがありますが、私は試合数の少ない時代を経験しているので「多ければ、多いほどいい」という考えです。

　シード権を持っている上位選手でも試合数が増え、毎週、毎週試合が続くと、いくら鍛えているといっても疲れがたまります。体調の維持も難しくなり、集中力も欠いて、いいプレーができなくなる。そういうときは選手も試合を休むことがありま

樋口久子・森永レディースの表彰式で上田桃子選手にチャンピオンブレザーを授与する筆者＝千葉・森永高滝CCで

す。

一試合に出場できる選手の数は決まっているので、上位選手の欠場は下位の選手の出場のチャンスを広げます。下位の選手は、出場チャンスがあったら上位選手を押しのけてでもシード権を取ろうと思っているし、プレー次第では、その可能性もある。試合数が少ないと、そういうチャンスが狭められるのです。

休み方や休む試合数は、選手によってそれぞれです。ツアーの年間スケジュールが発表されると、事前に欠場する試合を決めてしまう選手もいるし、試合をやっていく中でシード権を取れるメドがついた時点で、それ以降の試合のスケジュールを決める選手もいます。ただ、どの試合を休むのかを決めるのが、選手にはなかなか難しい。自分の経験からもよくわかります。選手が休むことはスポンサーも理解してくれてはいますが、スポンサーがどういう思いで試合をやってくれているのかを考えると「この試合を休みます」と簡単には決められません。

そこで協会としては「二年続けて、同じ試合を休んだらだめですよ」というルールを作っています。そういう決まりがあれば、選手も「今年はこれと、これを休んだから、来年はこうしよう」という調整ができるし、スポンサーも上位選手の出場予定がある程度はわかります。

試合数が増えれば、選手は体調管理が難しいけれど、ゴルフ界全体を考えると、より多くの選手に試合への出場チャンスが増えることになるので、歓迎すべきだと思っています。

プロアマ

プロだといっても試合がなければお金は稼げません。女子ツアーの試合を主催してくれるスポンサーへの感謝の気持ちを込めて試合前日に「プロアマトーナメント」をやっています。

スポンサーが、日ごろから大事にしているお客さんを呼んで、女子プロと一緒にプレーをします。多いときは四十五組ほどに膨れるときもあります。

プロアマトーナメントは、スポンサーに好評ですが、招待されたお客さんがそれなりの方たちばかりなので、協会としても新しい試合のスポンサーを探すことができる絶好の機会です。これまでにプロアマがきっかけとなって、できた試合もいくつもあります。

会長としてプロアマに参加するのは他にも理由があります。会長がいることで、選手の意識を高めるためです。女子プロは若い選手が多いので、お客さんと一緒のプレーをしているときでも、自分の行動が悪いことに気づかない選手もいます。

例えば同じ組のお客さんをそのままにして、自分の専属キャディーとの話に夢中になり、二人だけでスタスタと先に行ってしまう。本人たちには悪気はないけれど、これではお客さんから「私たちとは会話をしてくれない」という不満の声も出ます。ですから配慮に欠けると感じたら注意をします。

スポンサーは、いろいろあるスポーツの中から、高いお金を出して女子プロゴルフの試合を主催してくれているのです。プロアマで招待したお客さんが喜んでくれれば「やって良かった。また来年も」ということになります。

選手にはお客さんとコミュニケーションをはかりなさい。共通の話題がないなら、ゴルフのワンポイントアドバイスをしなさい。グリーンまでの残りの距離を教えたり、グリーン上のラインを読んだり。スイングのレッスンができる人はしなさいと指導してきました。

プロアマ参加のプロ選手について、昔はスポンサー推薦が20%。あとは協会のランキングで選びました。でも今は半々。ツアー優勝者は出場することになっているので、シーズン後半ともなるとランキング上位の選手でも出場枠がかなり狭まります。

海外進出

日本の女子ツアーを目指して世界の女子プロゴルファーがやってくる。そんな夢を持っています。今は韓国選手を主としたアジア勢が中心ですが、米国からも、ヨーロッパからも多くの選手が参戦してくれれば、ツアーももっと盛り上がると思っているのです。

日本からも海外に選手が出ていきます。今の若い選手はプロになる前から「世界一を目指したい」「米女子ツアーで優勝したい」という夢を語ります。実際行くとなると大変なことですが、日本のツアーで実績を残した選手が「米女子ツアーに行きたい」と言えば、無理に「日本だけでがんばりなさい」と止められません。

私も日本のプロゴルファーとして初めて、米女子ツアーで十年も戦ってきたので、その魅力もわかっています。どちらかといえば「どんどん、出て行きなさい」と背中を押すタイプ。海外を経験することで日本の本当の良さもわかり、見識も広まるからです。

若手の有望選手が海外に出て行くたびに「日本のツアーが寂しくなる」という声を聞きます。福嶋晃子プロや宮里藍プロが米女子ツアーに行ったときには「日本のツアーはどうなる」と言われました。確かに二人は魅力ある選手ですが、「次に出てくる人が必ずいます」と言っていました。

今は一人の選手に頼る時代ではありません。若いスター選手は何人もいますし、これに続くスター候補生も控えているので、あまり心配はしていません。

そうはいっても協会としては、日本のスポンサーのことも考えなくてはいけない。それで日本のシード権を持っている選手は「年間に開催される試合の20％以上の試合に出なさい」というルールを作りました。二〇一四年でいえば八試合以上の出場を義務付けています。

米国は九月いっぱいでシーズンが終わります。翌年の米女子ツアーのシード権を取っている選手は日本に帰ってくるので、日本のツアーにも出場できます。出場する試合は本人たちに任せています。

日本で育った若い選手が、海外でもまれて、向こうでも活躍をする――そんな成長ぶりを、日本でまた見るのを楽しみにしているファンも多くいます。

バトンタッチ

日本女子プロゴルフ協会の会長を二〇一一年に退任し、小林浩美新会長にバトンタッチしました。

協会には理事の六十五歳定年制が設けられています。長くやることでいい面もありますが、悪い面も出てきます。それにベテランがいつまでも役員をやっていると、若手がなかなか育ってきません。それで会長をやっているときにこの制度を作りました。その適用の第一号です。

会長在任期間は十四年。一九七四年に協会ができて、初代会長を務めた中村寅吉先生と同じ期間、会長をやらせてもらいました。

小林会長は一〇年暮れの会員総会で理事に選ばれ、理事の互選で圧倒的な支持を受けて就任しました。

会長になる人は、協会の顔として協会をまとめ、発展させることが重要ですが、スポンサーなどいろいろな人たちと折衝もします。世間から認めてもらえる人材でなくてはインパクトが弱いし、アピールができません。

その点からしても小林会長は適材だと思うのです。岡本綾子プロと同じように、ソフトボールからゴルフの世界に入ってきました。体格もよく八九年に6勝をあげ賞金ランキングの2位に入るなど国内で10勝しています。九〇年からは私や岡本プロの後を追って米国女子ツアーにも挑戦して5勝しました。

グローバル化が進む中で、外国の協会との国際会議もあり、海外事情を知らないと困ることも多く出てくる可能性があります。海外経験もある小林会長ならその心配も少ないでしょう。

バトンタッチをするにあたって、特段の引

日本女子プロゴルフ協会の新会長に選出された小林浩美理事（右）と握手する筆者＝2010年12月

き継ぎはしませんでした。事務局があるし、自分がやりたいことをやればいいと思ったから。ただ協会には四十年の歴史があるので、その考え方などは伝えました。

一九六三年生まれとまだ若いし、性格はすこぶる明るいので、若い選手が多い協会を引っ張っていってくれると期待しました。私も相談役として協会に残っているので、手助けできることがあれば、これからもしていきたいです。

大震災

小林浩美新体制でスタートしたばかりの日本女子プロゴルフ協会でしたが、開幕から二戦目で大きな試練を迎えました。二〇一一年三月十一日に発生した東日本大震災です。高知県で行われていたヨコハマプロギアレディースの初日で、全員がホールアウトしたころに、東北で大きな地震があったことがわかりました。映像を通して見る状況は言葉に表せないほどで、その夜のうちに大会の中止が決まりました。

その後に予定されていたTポイントレディース、ヤマハレディース、スタジオアリスの三大会も中止となりました。大会が震災で中止となったのは、一九九五年の阪神淡路大震災のときのサントリーレディース以来です。

大地震を知った選手たちの動きは迅速でした。翌日には選手会にあたるミーティング委員会が中心となって、被災地を支援する活動が始まりました。

日本女子プロゴルフ協会は、以前から乳がんに対する理解と支援を訴えている「ピンクリボン運動」や各地の福祉団体や自治体の社会福祉などのためにチャリティー活動を続けています。それと私が会長時代から、ゴルフファンやスポンサーを大切にすることを選手たちに言い続けてきました。だから選手たちも「自分たちがやるべきこと」を理解しているので、いち早い活動ができたのだと思います。

協会も「心をひとつに」をスローガンに被災地支援に取り組みました。選手たちは全国五カ所で街頭募金活動をしました。普段はゴルフ練習場などで教えているレッスンプロが、トーナメントに出場しているプロと協力して、各地でチャリティーレッスン会を開催、それは現在も続いています。私も風評被害でゴルフ場にお客が来ないというので、女子プロ数人と福島県会津のゴルフ場に出掛け、チャリティー活動をしました。

大会が始まると大会賞金の3%(後に1%)を義援金とすることを決め、会場ではグッズを販売して、売り上げの一部を寄付に回しています。一四年九月末現在、震災の義援金は三億五千万円を超えています。被災地の復興まで支援活動はまだ続きます。

プレゼンテーション

二〇一六年のブラジル・リオデジャネイロ五輪からゴルフが五輪種目に復活します。一九〇〇年のフランス・パリ五輪、〇四年の米国・セントルイス五輪以来ですから、ゴルフに関係する一人としてすごくうれしいです。

リオ五輪で採用される競技を決めるためのプレゼンテーションが〇九年の六月十五日に、国際オリンピック委員会（ＩＯＣ）の本部があるスイスのローザンヌでありました。そこで世界各国のゴルフ協会が加盟している国際ゴルフ連盟（ＩＧＦ）がプレゼンテーションを行ったのですが、その場に私も同席しました。

その半月ほど前でした。「プレゼンテーションにきてほしい」と日本女子プロゴルフ協会にＩＧＦから要請があり、日本ゴルフ協会や協会の理事会などと相談して行くことを決めました。

ＩＧＦの中心的な役割の英国のピーター・ドーソンＲ＆Ａ会長、米国のＰＧＡツアーのフィンチャムコミッショナー、タイ・ボトー副コミッショナー、女子プロのスウェーデンのアニカ・ソレンスタム選手、男子プロの英国のコリン・モンゴメリー選手の五人と私が参加しました。

プレゼンテーションではゴルフは毎週、毎週、世界二百三十カ国、三十五の言語でトーナメントを放映していることを強調。「自分が現役のころに五輪があったら参加したかった」というジャック・ニクラウス選手や「五輪に参加して金メダルを取りたい」というタイガー・ウッズ選手など世界のトッププロのビデオレターを披露しました。

同時にゴルフは、自分を常にただしていく審判のいないスポーツだから五輪精神と共通するものがあることや、ジュニア育成も各国でやっていることもアピールしました。そんな場に自分が居合わせることはなかなか経験できないことなので、呼んでもらってありがたいと思いました。

それだけに同年十月のＩＯＣ総会で、五輪復帰が決まったと連絡を受けたときは感無量でした。スポーツの最高峰の大会が五輪と思っています。そこでいいプレーを見せればゴルフをもっと世界に広げることができるし、若い選手も増えてくれると思っているのです。

リオ五輪

ブラジルのリオデジャネイロ五輪でゴルフの復活が決まったことで、ゴルフ界も準備を進めています。

男子に倣って女子も六、七年前からワールドランキング制度を導入しました。また、ドーピング検査や勉強会も実施しています。普段、使っている風邪薬の中に思わぬ禁止薬物が入っていることがあります。選手の意識を高めることも大切な準備です。

リオ五輪は男女とも出場選手は六十人で、個人戦で行われることになっています。個人戦にしたのは、団体戦では国によってレベルの差が大きすぎるからだと思います。

出場できるのはワールドランキングをもとにしたＩＧＦの「五輪ランキング」の15位までの選手が優先ですが、一カ国で最大四人まで。五人が入っていても一人は出場できません。16位以下の選手は国ごとに選ばれます。

日本の女子選手の五輪ランキングの最上位は大山志保プロの22位（二〇一四年十二月十六日現在）、横峯さくらプロが24位。男子は松山英樹プロが13位と優先枠に入っており小田孔明プロも26位につけています。二〇一六年七月の最終ランキングで出場選手が決まるので、残り一年半余りのプレーが大事になってきます。

二〇一四年の全米オープンゴルフ選手権と全米女子オープンゴルフ選手権が、同じゴルフコースで行われました。男子が先にやって女子が次の週でした。同年秋に軽井沢で行われた世界アマチュアゴルフ選手権でも同じコースで最初が女子、次に男子が行われました。いずれも五輪本番にむけてどういうメリット、デメリットがあるのかをチェックするためのテストケースだと思います。

気になるのが会場のゴルフコースの整備。２ホールが遺跡が見つかったということで工事が差し止めになっていると聞いています。残す期間で整備ができるのか、それとも既存のゴルフ場を使うのか。どちらにしても開催することが重要だと思っています。リオ五輪の後は東京五輪です。そのためにも百十二年ぶりに復帰するリオ五輪のゴルフが盛り上がってくれるのを期待しています。

東京五輪

二〇一三年九月、ブエノスアイレスでの国際オリンピック委員会（ＩＯＣ）総会で二〇年の東京五輪開催が決まりました。

そのゴルフ会場などを決めるために一二年にできた「オリンピックゴルフ競技対策本部および２０２０東京招致委員会」に、各ゴルフ協会の代表や有識者とともに日本ゴルフ協会（ＪＧＡ）のアドバイザリーとして参加していました。

一六年の東京五輪招致のときは、ゴルフ協会と話し合う前に、東京都が江東区の若洲ゴルフリンクスを仮の会場としていましたが、五輪競技の会場としては課題もありました。練習施設も整っていないし、コースの距離の問題もあるので、あらためて会場を選ぶことになりました。

五輪となると世界中からマスコミや大会関係者、ギャラリーが来ると思われるので、ＪＧＡとしては36ホールのコースがあり、施設も整っている東京近郊のゴルフ場、例えば横浜カントリークラブ、相模原ゴルフクラブ、埼玉県川越市の霞ケ関カンツリー倶楽部（ＣＣ）などいくつかのゴルフ場をピックアップして検討しました。

その結果、霞ケ関CCが選ばれ、打診したところ引き受けてくれることになったので、国際ゴルフ連盟に視察をしてもらって承認を得ました。それを受けて東京都が一三年一月に開催計画をまとめた立候補ファイルでは、霞ケ関CCを会場とすることが明記されたのです。

霞ケ関CCでは一九五七年にカナダカップ、いまのワールドカップが開かれています。この大会は日本のゴルフ史上初めてテレビ中継され、最終日には二万人近いギャラリーが入ったと聞いています。

カナダカップでは、中村寅吉先生が個人と団体で優勝しています。一〇年に開催されたアジア・アマ選手権（現アジア・パシフィック・アマ選手権）では、松山英樹プロ（当時東北福祉大一年）が優勝し、この優勝でマスターズの出場権を得てベストアマをとっています。日本選手には、相性のいい舞台でもあります。

そして川越は私の故郷でもあります。そこで五輪のゴルフ競技が行われるのだから、今から楽しみにしています。

夢は…

東京五輪のゴルフ競技では、リオ五輪以上に日本選手の活躍が期待されると思います。それも金メダルを。でも世界には強い選手が大勢います。それだけに残された期間が大事になってきます。

東京五輪にむけての強化委員会も開催され、金メダルをとるために、どんな選手を対象に、どうやって鍛えていくかなどを検討しています。

日本ゴルフ協会も以前からナショナルチームを作り、強いアマ

LPGAツアー選手権リコー杯最終日、選手に声援を送る筆者＝2014年11月30日、宮崎CCで

チュア選手を選んで強化をしてくれています。これにはいつも感謝しています。次の世代のプロゴルファーを育ててくれているのと一緒ですから。

ゴルフが五輪競技に採用されてから、日本女子プロゴルフ協会（LPGA）でも「目指せ世界」をキャッチフレーズに、ツアーの試合会場でジュニアを指導しています。協会の中には、ジュニアを指導するスペシャリストも育っていて、確実にその成果は上がってきています。

それでも日本でやっているだけでは、世界のトップ選手になるのはなかなか難しいのです。世界で活躍している選手の多くは、子どものころから米国やオーストラリア、ニュージーランドなど、ゴルフ環境の整ったところに移り住んでゴルフ漬けの生活をしています。

練習の場は近くにいくらでもあるし、いいコーチにつく機会も多くなります。英語などの語学力を身につけることで、選手同士やゴルフ関係者とのコミュニケーションもはかれます。テニスの錦織圭選手をみればよくわかると思います。それでも五輪に関わっている私としては、東京五輪で日本人の金メダルを願っています。それが夢です。

第六章　ゴルフあれこれ

雷だけは…

夏の猛暑は、プロゴルファー泣かせです。標高の高いゴルフ場を選んで大会が開催されているとはいえ、炎天下の日差しは強烈で、水分補給や暑さ対策が十分でないとプレーにも影響が出てしまいます。カサをさし、細かく砕いた氷を袋に入れて、それで首筋を冷やしたりします。

私は暑さをまったく苦にしないタイプなので、いくら暑くても大丈夫ですが、この時期に多い雷だけは駄目です。

ピカッと光って、「ゴロゴロ」という音が聞こえてくると、「成績とか、お金はいらないから、早くこの場から逃げ出したい」と思ったぐらいですから。それぐらい怖いんです、雷が。

それにはプロテストを合格して間もないころの苦い体験があるからです。川越カントリークラブに所属していた私はゴルフ場から頼まれてお客さんと栃木県の日光カンツリークラブに出掛けました。そこでプレー中に雷に打たれ、危うく一命を落としそうになったのです。

ゴロゴロと雷が鳴り始めたので私が「危ないから避難しよう」とキャディーさんに声をかけました。すると「このホールを終わったところに、売店がある」と言うので、「じゃ、行きましょう」とティーショットを打って歩き始めました。

2打目の地点まできて「早く打って、次へ行こう」と思ってフェアウエーに立ったときに、倒れました。近くに落ちた雷の電流がスパイクを伝わってズボンのファスナーから右足に抜け、もうひとつはカサをさしていた左の手から抜けたのです。

その場に倒れ「ああ、これで死ぬんだ」と思ったとたん、すぐに目は明きましたが、体はしびれて動かない。ひょうも降ってきて、一緒にいた人たちに引きずられて、木の下に連れていかれ、そこで横になっていました。

幸いにも二週間ほどのやけどですみましたが、この体験がずっと尾を引きました。プレーをしていても、空模様が怪しくなると、いやーな気持ちになったものです。

怖い体験から五十年近くたっているので、一時期に比べると怖さはだいぶ薄らいできているものの、それでも怖いことには変わりはないのです。

副賞

ゴルフの試合では、優勝者に優勝賞金のほかに主催者や協賛社から副賞が贈られます。今は国内外の高級車が圧倒的に多いですが、中には和牛一頭分や米六俵など、開催地や協賛しているところが地元の特産品などユニークなものを出しています。

副賞は昔からあって、私も国内で69勝していますので、これまでにたくさんの副賞をもらっています。

プロになったころは、電化製品と車がすごく高価なもので、時代の花形でした。第一回の日本女子プロゴルフ選手権では冷蔵庫、日本女子オープンでは洗濯機が副賞だったと思います。

洗濯機といっても、洗濯物を入れてスイッチを押せば、後は機械が全部やってくれる便利なものではありません。若い選手が聞けば笑うかもしれませんが、脱水がローラー式で、手で回して脱水をしたものです。

車も今のように豪華ではありません。中型車が多かったので、いただいた車にお金を足して大きめの車に換えてもらったりしました。腕時計、毛皮のコート、ピアノなど自分ではなかなか買えないものも多く、ヤマハの大会ではクルーザーをもらいました。係留先も必要でしたが、三重県の尾鷲市の知人が買ってくれました。

紀文レディースの副賞は輪島塗の素晴らしい五段重ねの重箱で台座がついていました。これは大変貴重な品でした。毎年十二月二十五日ぐらいになると紀文が重箱を取りに来て、三十一日になると、それに豪華なお節を詰めて届けてくれました。私は二度優勝していたので、十年間届けてもらいました。

紀文レディースの副賞・五段重ねの重箱を受け取る筆者＝1983年4月、埼玉・嵐山CCで

「こんなものもらっても選手が困るのでは……」と心配されるのがCATレディースの副賞のショベルカーですが、選手の間では思いのほか人気があります。お世話になっているゴルフ場に贈るからです。

副賞を寄付する選手も多いのです。全美貞プロはショベルカーを東日本大震災の被災地の宮城県に、森田理香子プロもフィッシングボートを石巻川開き祭り実行委員会に贈っています。菓子十年分などの副賞をいただいた不動裕理さんは児童施設などに寄付していま す。ゴルフが少しでも世のお役に立てれば、という思いからです。

エージシュート

1ラウンド、18ホールを自分の年齢と同じか、それより少ないスコアで回ることを、ゴルフの言葉でエージシュートといいます。

二〇一四年の六月初めに、山梨県都留市の都ゴルフ倶楽部で行ったプライベートのコンペで、そのエージシュートを達成しました。六十八歳で初めての経験です。

前半31、後半34のトータル65でホールアウト。口の悪い仲間には「現役時代を含めても最高のスコア」と冷やかされました。自分でも、まさかそんなことができるとは思っていなかったので、すごい驚きと感激でした。

エージシュートは五十代では不可能です。六十代、それも後半になってから現実味が出てきます。プロにしてもアマチュアにしても、それを達成した人に七十代の人が多いのは当然です。

日本のプロとして初めてエージシュートを達成した中村寅吉先生は六十六歳のときでした。一九八一年、関東プロシニアゴルフ選手権の初日に65で回りました。

最近では二〇一三年四月の男子のつるやオープン初日に、ジャンボ（尾崎将司プロ）が9アンダーの62で回り、男子のレギュラーツアーで初めてエージシュートを達成しました。ジャンボ六十六歳の快挙でした。

ゴルフ大好き人間なのに、女子プロゴルフ協会の会長時代は、ラウンドするどころか練習さえ思うようにできませんでした。週に一度のプロアマに出て、ゴルフを楽しむぐらいでした。

一一年二月に会長をやめてから「もう一度、きちんとゴルフをしたい」と一念発起をしたのです。一年間、体力づくりのためにトレーニングをしっかりと積んで、週に一度はコースに出てラウンドをしながら練習を続け、現役時代の感触を取り戻すようにしてきました。会長をやめて三年が過ぎて、今では自分でもゴルフをやっている感覚があります。それが今回のエージシュートに結び付いた気がします。女子プロにもレジェンズの大会があります。そうした大会でエージシュートを達成してくれるのも、そんなに遠くはない気がします。

バンカーショット

今でこそ少しはうまく打てるようになりましたが、現役のころはバンカーショットにはあまり自信がありませんでした。

理由は簡単。ティーショットやフェアウエーショットが正確で、ほとんど曲がらないのでバンカーに入れることが少なかったからです。

バンカーに入れないから、バンカーショットを練習する時間も減ってくる。私のゴルフを支えていたのは、人に負けない練習量です。その練習量が少ないので、なかなか上達しない。

苦手のバンカーショットを克服するために林由郎先生のレッスンを受けたことがあります。一九七七年の米女子ツアーに参戦する前です。中村寅吉先生もバンカーショットはうまかったけれど、松井功プロの師匠が林先生だったので「バンカーショットがうまいから、一度みてもらおう」と言われて、バケツにいっぱいボールを入れてでかけました。

その当時でも、バンカーからボールを出すだけなら、そんなに難しくはありませんでした。アマチュアの人でも「コツ」さえ覚えればできると思います。

簡単に言えば、クラブフェースを目標に向けてオープンスタンスで構える。ボールを上げるわけですからボールの位置は左足より。テークバックはアウトサイドにあげて、手首のコックを使ってクラブヘッドを高い位置にあげ、クラブを落とすだけ。これでボールは出ます。

アマチュアならこれでもいいですが、プロだから出すだけではなくてピンによせなくてはいけない。そのよせるというイメージがあまりなかった。だから「へた」ということですね。

林先生に受けたレッスンの内容についてはあまり覚えていません。パッティングの病気のときのように、悩みに悩んで、せっぱつまった状況ではなかったからかもしれません。

でも、その年の全米女子プロゴルフ選手権に優勝できたのだから、林先生のレッスンが、どこかでいかされたような気がします。

用具の進化

静岡県の大仁カントリークラブで行われたセンチュリー21レディースのプロアマに出場しました。大仁カントリーでのプレーは、一九八四年のいすゞレディース以来でおよそ三十年ぶりでした。

その16番の打ち下ろしのロングホールで、ティーショットが現役バリバリのころと同じようなところに落ちました。その時思ったのです。ゴルフ用具の進化はここまできているのかと、あらためて。

プロになったころには、クラブはパーシモンヘッドでボールは糸巻きのダンロップのマックスフライでした。そのころの飛距離は２１０ヤードぐらい。

そのうち飛ぶと話題になったツーピースボールが出ましたが、男子プロには新製品をいち早く使わせるけれど、女子プロにはなかなか回ってきません。やっと六個もらったときには、貴重なボールだけにOBに行ったら「ボールだけは捜してほしい」とキャディーに頼んでいました。

ツーピースボールはグリーンに止まりにくいと言われていましたが、私は高いボールを打つから関係ありませんでした。それよりもパーシモンのクラブにはボールが硬すぎて、ヒールに当たるとクラブの表面が割れてしまうのでその方が気になりました。

パーシモンのクラブは扱いに気を使いました。雨の日のプレーでクラブを持ち歩くときには、使う寸前までヘッドをタオルで巻いて保護していたほど。

八〇年代になってメタルウッドが出てき

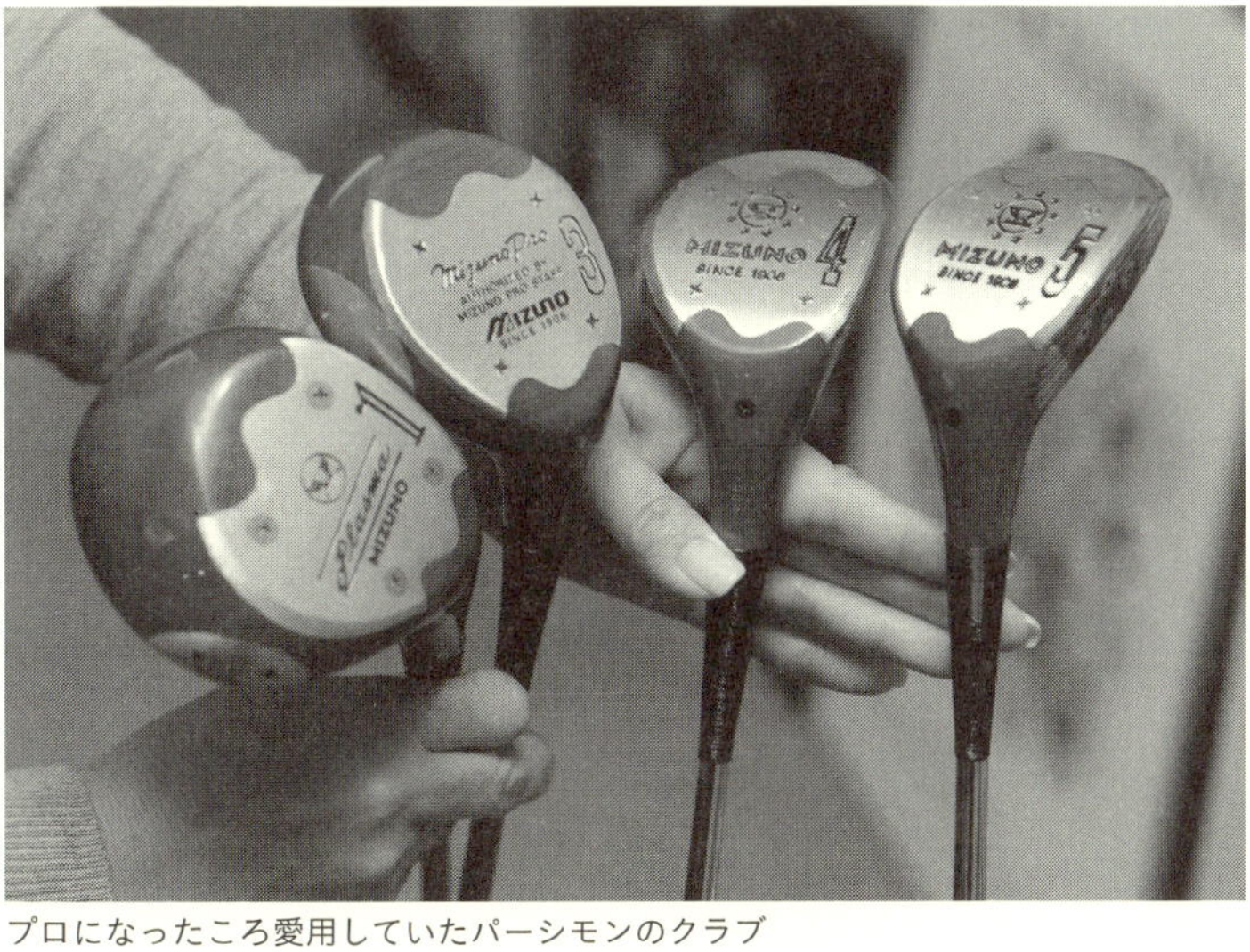

プロになったころ愛用していたパーシモンのクラブ

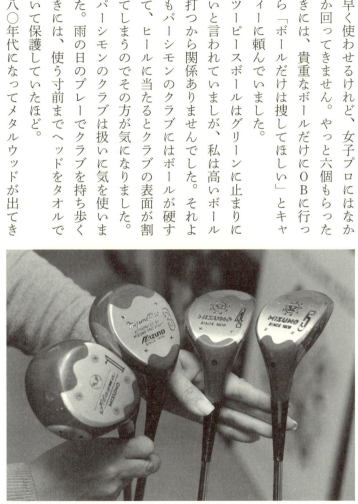

てからは変わりました。飛距離も出るし雨でも扱いが楽になりました。型にはまったものだから、パーシモンのようにクラブフェースを削って好きな形にはできなかったけれど、慣れるしかありませんでした。ヘッドが小さくて、重く、反発のあるクラブで、これで飛距離は10ヤードは延びました。

今のクラブはさらに進化して、全体が軽くて振りやすくなっているし、ボールも飛びます。用具の進化がアマチュアをプロに近づけているともいえますが、選手の寿命も補っていると思います。飛距離が落ちないから、昔だったら選手として体力の限界を感じたと思われる年齢になっても、一線でプレーすることができる。ベテランの味もツアーには欠かせないのです。

所属先

一線で活躍するプロゴルファーの多くは、その活動資金などを支援してくれる企業などに所属しています。支援を受ける代わりに、所属企業のＰＲ面の活動などに協力をするのです。

私もいくつかの企業の支援を受けましたが、強く印象に残っているのが一九七四年から十二年間所属していた富士ゼロックスです。私のゴルフ人生の中で一番充実していた時期で、全米女子プロゴルフ選手権の優勝もそのときです。

ゴルファーになるのを後押ししてくれた一番上の姉明子に、後に社長となった役員の小林陽太郎さんを紹介されたのがきっかけで所属になりました。

小林さんはお父様の仕事の関係でロンドンで生まれ、幼いころからゴルフに親しんでいたそうです。慶應大を卒業し、米国のペンシルベニア大ウォートン・スクールを修了しています。すごく紳士的で、ゴルフが大好き。財界人の中では数少ないシングルプレーヤーで、私も何度か一緒にゴルフをしましたが、腕前は評判通りでした。

小林さんからは、ソニーの創業者の一人の盛田昭夫さんや日本ＩＢＭの社長だった椎名武雄さんなど多くの企業人を紹介していただきました。その人たちとの友好関係が、私の大きな財産となっています。

富士ゼロックスでは毎年二回ぐらい、お得意さんを集めてゴルフ大会を開いています。大会にも企業のトップの人が多く参加をし、私もその所属プロとして出場していました。

英国の試合に出場したときには、現地の駐在員が通訳をやってくれたり、七七年に米国でメジャー大会を勝って帰国したときには、東京の帝国ホテルで大パーティーを開き、優勝を祝ってくれました。

　そんなにお世話になった富士ゼロックスをやめたのは、私のわがままからでした。一身上のことで、自分が気分を一新したかったので、無理を言ってやめさせてもらいました。それなのに二〇〇三年に世界ゴルフ殿堂入りしたときには、ゼロックスの役員さんやお得意さんを集めて、祝いのパーティーを開いてくれたのです。今でもとても感謝していますし、感謝してもしきれないぐらいです。

富士ゼロックスと専属契約を結び、小林陽太郎氏の父の節太郎社長と握手する筆者＝1974年4月

サイン会

ゴルファーとしての知名度が上がると、シーズンオフなどに「サイン会をやってほしい」と声がかかりました。日本の各地でやりましたが、このサイン会が縁となって生まれた女子ツアーの大会もあります。

その一つが沖縄県の那覇カントリーで一九八一年から開催された沖縄牧港レディース。沖縄では初めての大会で、途中で大会名の表記は変わりましたが、五年間続きました。

三菱の車などを販売している沖縄の牧港自動車が、大型ブルドーザーのキャタピラーD10の発売キャンペーンの一環としてサイン会を開きたいので、トッププロに来てほしいというので、私が行くことになりました。

そのサイン会のときに、当時の社長に「沖縄でゴルフの大会を開いてくれませんか」と提案すると、自分ではゴルフをしたことがないのに、快く引き受けてくれたのです。

第一回大会は、私が最終日の最終ホールで、チップインイーグルを決めて、台湾の呉明月プロに逆転で勝ちました。

もうひとつは長崎県の佐世保国際カントリー倶楽部三川内ゴルフ場で、七七年から八七年まで続いた西海国立公園女子オープンです。

ゴルフ場の近藤智恵治社長が私のファンで、ゴルフ場の浴場のタイルの一枚、一枚に私のスイングが描かれ、全体で私のスイングが一枚の陶板画のようになっていて、これには少しびっくりさせられました。

そのゴルフ場でのサイン会からこの大会が開催されるようになったのですが、賞品がユニークでした。この辺りは有田焼で有名だったので、窯元に協力してもらい、副賞に有田焼があった

チャリティーサイン会でショットを披露する筆者＝1977年12月、東京・日本橋三越で

のです。

有田の三右衛門と言われる柿右衛門、源右衛門、今右衛門さんの作品が並べられていて、上位の選手から好きな作品を選べました。この大会では優勝はできなかったのですが、2位など上位には何度も入っています。いただいた作品は、今では貴重なものですから大事にしています。

女子プロゴルフ界のために、私のサイン会が貢献できたことは、プロゴルファーとしてはうれしい限りです。

支えてくれた人

日本女子プロゴルフ協会（LPGA）の会長を一九九七年から十四年間も続けてこられたのは、多くの人の支えがあったからです。とりわけ理事の一人、小林法子プロには助けられました。彼女がいなかったら、会長を十四年間も続けられなかったとさえ思っています。

私より一つ上ですが、互いに一回目のプロテストに合格したプロ一期生だったので気心はよくわかっていました。彼女はなかなかのアイデアマンで、面倒見がすごくいいのです。協会では事業委員会の委員長を長く務め、新しいプロゴルファーの底辺拡大のためのキッズゴルフの提案をしたり、女子プログッズを作って販売したり、二〇〇七年のLPGA創立四十周年を記念して開設したファンクラブも彼女のアイデアがきっかけで生まれました。千葉県の出身で、彼女が中心となって千葉の女子プロゴルファーやプロの研修生に呼び掛けて、練習などをするグループ「葉美会」を作りました。千葉出身の美しいプロゴルファーの会ということから名前がつけられたそうです。

私は埼玉県の出身ですが会に参加させてもらい、オフになると真名カントリークラブがある千葉の日本メディカルトレーニングセンターで走ったり、プールを歩いたりしていました。会には福島県出身の現会長の小林浩美プロも加わりました。

小林法子プロは選手としては小柄でしたが、歯切れのいいゴルフをする人で、アプローチやバンカーショットはすごく上手でした。互いに先生がいたのでゴルフの技術的なことは話すことはなかったけれど、一緒に行動する仲でした。

一九七六年の浜松シーサイドゴルフクラブでの日本女子オープンの最終日。同じ組の彼女が前半すごくいいプレーをしていました。私は「私にも絶対チャンスが来る」と信じてプレーを続け後半に逆転して優勝できました。そのときの話が雑誌に載り、小林プロに

「チャコのように強い選手でもそんなにがまんをして耐えていたんだ。すごく勉強になった」と言われたことが印象に残っています。

冠大会

私の名前が大会名についている冠大会二〇一四年の樋口久子森永レディースも終わりました。同年は大会の直前に文化功労者に選ばれ、多くの方から祝福され、ありがたいと思っています。

冠大会は一九九七年の紀文クラシックが最初でした。前にも触れましたが、私の通算60勝目を記念して、それまでの紀文レディースの大会名を樋口久子・紀文クラシックと命名してくれました。

〇一年まで続き、樋口久子クラシックを経て〇四年から一〇年まで樋口久子IDC大塚家具レディース、そして今の森永レディースへと続いています。大塚家具のときは、〇三年の世界ゴルフ殿堂入りがきっかけでした。

その間に現役を離れ、日本女子プロゴルフ協会の会長になり、今は相談役です。途中スポンサーも変わりましたが、自分の名前がついた大会が、名称を変えながらもこんなに継続していることは大変名誉なことです。

これは多くの人の協力があったからこそです。その時、その時に理解してくれているスポンサーもそうですし、トーナメントプロデューサーの戸張捷さんの、各方面への働き掛けも大きいと思っています。

女子ツアーのすべての大会が盛り上がってくれたらいいと、いつも思っていますが、自分の名前のついた大会のときは、不手際がないようにと緊張します。でも基本は、すべての大会でコンディションのいい舞台を作り上げ、選手にいい戦いをしてもらい、そうしたプレーを見てそれでギャラリーに満足してもらうことだと思っています。

冠大会では、初日からスタートホールで選手を見送ります。他の大会ではプロアマに参加して、最終日のスタートホールで、決勝ラウンドに進んだ選手を見送っています。初日にしているのは、大会に出場する選手全員を見届けて、送り出してやりたいという思いからです。

大会を通じて、ゴルフの魅力を伝えていくのが私の役割だと思っています。

同窓会

昔の仲間はいくつになってもいい。長く会っていなくても、顔を見ればすぐにうち解けることができます。

二〇〇八年三月末に、一九六〇、七〇、八〇年代に全米女子プロゴルフ協会のツアーに出場していた人たちの「同窓会」が、米カリフォルニア州のパームスプリングズで開かれました。日本からの参加は私一人でしたが、久しぶりに昔のプレーヤーとの再会で楽しい時間を過ごしました。

会場はパームスプリングズに住むスージー・マキャリスターとH・B・ダンツの自宅でした。二人の家は、庭がゴルフ場に隣接している豪邸で一日目はマキャリスターの家、二日目はダンツの家が会場。初めての集まりだったのでジュディ・ランキンやマリリン・スミス、ベッツィ・キング選手など百人近くが顔を見せました。

話題は当時のことや近況。懐かしい話が盛りだくさんで、いろんな話の輪に加わり、時も忘れるほどでした。その中でもランキン選手が「私たちは良い時代にツアーをしていた。みんな貧乏だったけれど、助け合いながらやっていて楽しかった。今の子を見ていると、お金はあるだろうがマネジャーや親、家族などのチームで動いていて大変」と話していたのが印象に残りました。

あのころの私たちは、何から何まで自分で準備をしてツアーを戦ってきた——そんなことが頭に浮かびました。集まりは二日間。最後にみんなで記念写真を撮って別れました。

次の日に好きな者だけで、ゴルフをしようということになりました。みんな歳《とし》をとっているので、プレーをしたのは三組だけ。私はホリス・ステーシー選手と名前は覚えていませんが、私たちより若い人とパームツリーというゴルフコースで1ラウンドしました。この若い人は今はゴルフのカメラマンで、〇五年のジャック・ニクラウスの引退試合となった全英オープンも取材したと言っていました。

「同窓会」は一度だけでしたが、私にとってかけがえのない集まりでした。

レジェンズ

女子プロにも男子と同じようにシニアのツアーがあります。

「私たちが元気なうちに、シニアの大会をやってよ」とプロ一期生をはじめとするベテランのプロから要望があったので、「少し早いかな」と思いながらも「私が会長のうちにやろう」と、二〇〇四年にスタートさせました。

出場資格は四十五歳以上の女子プロで、〇八年にレジェンズツアーと名称を変え、一〇年からは公式戦のチャンピオンシップも開催しています。初の公式戦のときには私と大迫たつ子プロの二人で始球式をやりました。

一四年のレジェンズツアーの試合数は五試合。もう少し試合数を増やしたいと思っていますがそれがなかなか難しいのです。一期生の岡田美智子プロや永久シードの森口祐子プロ、涂阿玉プロやテレビ解説をしている塩谷育代プロ、村口史子プロなどが熟練の技を見せてくれていますが、残念ながら男子の青木功プロや中嶋常幸プロ、尾崎直道プロ、倉本昌弘プロといったビッグネームが少ないのでスポンサーがつきにくいのです。

「樋口さんは出ないの……」とよく聞かれますが、十四年間会長をやっていて、週に一度のプロアマぐらいしかゴルフをしていませんでした。試合のときのしびれるようなゴルフからしばらく遠ざかっていたこともあり、今はゴルフを楽しんでいるのでなかなか気持ちがむかないのです。それに男子と違って女子は筋力の衰えるのが早い。大きなブランクがあるとなおさら。レギュラーツアーからそのままレジェンズに入っていかないと、見せるゴルフができないし、ギャラリーも喜んではくれません。

鬼沢信子プロ、斉藤裕子プロなどがレジェンズの出場資格の年齢に達していますが、レギュラーツアーでがんばっています。木村敏美プロのようにステップアップツアーと掛け持ちの選手もいますが、まだまだ試合数も少ないし、賞金額も低いので、他のツアーからの選手がすぐに増えるとは思えません。

もう少し盛り上がれば、スポンサーのレジェンズを見る目も違ってくると思っています。その日を楽しみにしているのです。

解説

日本女子プロゴルフ協会の会長を辞めてから、テレビで女子ゴルフを解説することが多くなりました。一九八三年の日本女子プロゴルフ選手権で、初の予選落ちをしたときにテレビ局に頼まれて解説をしたのが最初。それから三十年ほどがたっています。

会長時代にもマイクの前に座って解説したことはありますが、そのころはプロゴルフ選手権や女子オープンなどのメジャー大会や自分が所属していたり、契約をしている企業がスポンサーの大会などに限っていました。

昔と違って今は毎週のようにテレビ中継があります。多くのゴルフファンから、女子ゴルフのプレーが自分たちのゴルフの参考になるという声もよく聞きます。テレビ中継は、いろんなレベルの人たちが見てくれていると思っています。

解説をするときには、できるだけ難しいことを話すのではなく、みんなが聞いてわかりやすく話すことを心掛けています。その時、その時の状況を説明しながら「今の場合はここが悪かった。こうしたことがよかった」と解説することで、ゴルフにより親しみを感じてもらいたいと思っているのです。専門的なゴルフのレッスン番組とは違うので。

それともうひとつは特定の選手ばかりを追うのではなく、出場選手をできるだけ公平に扱うこと。ファンは、いろいろな選手を応援していますから。

解説をやっていると、映像を通して選手のプレーぶりがよくわかります。スイングなどで「こうしたらいいな。ちょっといつもとは違っているな」と思う選手がいます。そんなときには、大会が終わった後にアドバイスをすることもあります。

ただアドバイスは難しいのです。それで良くなってくれればいいですが、アドバイスされたことで悩んで、悪くなると取り返しがつかないので、あまりできない。それに今の選手には専属のコーチがついているケースが多いですから。

うれしいのは、シーズン当初に期待した選手が好成績をあげてくれたとき。これからも多くの人に女子プロの試合を見てもらうために、わかりやすい解説を心掛けようと思います。

第七章 頑張ってきたご褒美

世界ゴルフ殿堂

その知らせは驚きでした。二〇〇三年五月にプライベートでゴルフをしているときに、東京にいた戸張捷《しょう》さんから「世界ゴルフ殿堂入りが決まったようですよ」と連絡がありました。「えー、私が」と言ったきり、あとは言葉が出ませんでした。

のちに正式な電話連絡が全米女子プロゴルフ協会のタイ・ボトーコミッショナーからありました。日本女子プロゴルフ協会の会長になって、日本のゴルフ界の発展に貢献したということで生涯業績部門で選ばれました。秋にセレモニーがあるので、それまで口外しないように言われましたが、もう涙が出るほどうれしかったです。

自分が米国でプレーしているときは、世界ゴルフ殿堂は遠い存在で、そこに入るのは「夢のようなこと」と思っていました。それがまさか現実のものになるとは。「こんな栄誉をいただいたのだから、ここでもうひとつゴルフ界発展のためにがんばらなくてはいけない」とあらためて気持ちを引き締めました。

日本では青木功プロ、岡本綾子プロ、尾崎将司プロが後に殿堂入りしています。六つある部門のうち三人はインターナショナル部門で選ばれています。

殿堂入りの表彰式は、十月二十日にフロリダ州のセントオーガスティンで行われ、私は夫と娘の三人で出席しました。女子のアニカ・ソレンスタム、男子のニック・プライス、シニアのレオ・ディーゼルの三選手と一緒の表彰でした。

ゴルフの世界殿堂入りし、表彰される筆者＝2003年10月20日、米国フロリダ州で　AP

記念のトロフィーは自分の希望する人から受けることができたので、キャシー・ウィットワース選手を指名しました。ウィットワース選手は、米女子ツアー最多の88勝を挙げています。米女子ツアーに参戦したときには、彼女が中心になって歓迎会も開いてくれたのでお願いしました。

前日は夜中の一時ごろまでかかってスピーチの文言を考え「米女子ツアーのプレーヤーが優しくて、大勢友だちもでき、勝つこともできた。生涯業績部門ということでプレーだけではなく、ゴルフ界の発展にも寄与したことを認めてもらい感謝している」というあいさつをしました。

これも家族の理解があってこそのものだと思っています。会場にいた主人と娘にもお礼を言いました。

日本プロゴルフ殿堂

日本のゴルフの歴史も百年以上になります。でもその歴史やどんな人たちが礎を築いてきたのかを知るための場所や資料がありません。それで、日本女子プロゴルフ協会の会長になったときに、目標のひとつとして日本のゴルフ殿堂を作ることを挙げました。

時間は少しかかりましたが二〇一〇年九月に、日本プロゴルフ協会（ＰＧＡ）や日本ゴルフツアー機構（JGTO）と協力して日本プロゴルフ殿堂を作りました。

本当はアマチュアも含めた日本ゴルフ殿堂としたかったのですが、当時は日本ゴルフ協会（JGA）との連携が思うようにはかどらず、プロの団体だけでのスタートとなりました。

日本のプロゴルファーの草分けだった宮本留吉さんや私の恩師でもあり、日本のゴルフをここまで発展させた中村寅吉先生、林由郎さんら創成期に功績があった七人の殿堂入りを決めて一二年三月に表彰をしました。

日本プロゴルフ殿堂入りの式典で顕彰された青木功プロ（右）と筆者＝2014年2月、東京・日本橋で（写真提供：共同通信社）

一四年二月には、レジェンド部門で日本女子プロゴルファーの一期生で協会の理事長、会長を務めた二瓶綾子プロら四人、プレーヤー部門で私と青木功プロの二人の殿堂入りが決まり顕彰されました。

プロ野球やサッカーと違って、財源がないのでミュージアムはまだありません。資金を集めるために、スポンサーを募る活動をしていますが、米国のように「ポーン」と資金を寄付したり、土地を提供してくれるようなところは見つかっていないのです。

「そこへ行けば、日本のゴルフの歴史がすべてわかる」施設には、まだ少し時間はかかりそうですが、世界ゴルフ殿堂もできた当時は男子、女子がバラバラで、時間の経過とともに今のような形となったと聞きます。そんなに急ぐ必要もないと思っています。

一千万人といわれるゴルファーがいる日本にふさわしい殿堂が、近い将来できると信じています。今現役でプレーをしている人たちが、その殿堂入りすることを目標にしてくれれば、もっとうれしいですね。

国際殿堂

ゴルフをやっていただけなのに、数多くの賞をこれまでに受け、ありがたいと思っています。

その中の一つに二〇〇八年の「国際女子スポーツ殿堂」入りというのがあります。〇七年十二月に日本女子プロゴルフ協会に殿堂入りの連絡がありました。国内外で活躍し全米女子プロゴルフ選手権で日本人初のメジャー大会制覇や、〇三年には世界ゴルフ殿堂入りを果たしたことなどが認められたということでした。

ゴルフの世界殿堂入りは、ゴルファーにとって名誉なことで、決まったときは信じられないほどうれしかったけれど、国際女子スポーツ殿堂入りはそうした殿堂があることさえ知らなかったので、連絡をもらったときには「こんな殿堂があるんだ」と驚きました。

一九八〇年に、テニスの四大大会で通算39回も優勝しているビリー・ジーン・キング夫人の提唱

国際女子スポーツ殿堂入りのトロフィー

で設立されたと聞いています。授賞式は〇八年六月にニューヨークに開館したばかりのスポーツミュージアムで行われました。

日本人の殿堂入りは初めてというので夫と娘と三人で出席しました。バルセロナ、アトランタ五輪の体操で七つのメダルを獲得した米国のシャノン・ミラー選手、バルセロナ五輪の１５００㍍の金メダリスト、アルジェリアのハシバ・ブールメルカ選手らと一緒でした。内容はよく覚えていませんが「日本の女子選手が、これからも殿堂を担ってくれるような道を開いたと思う」というスピーチをしました。

ゴルフ界からはベーブ・ザハリアス、ミッキー・ライト、キャシー・ウィットワース、サンドラ・ヘイニーの各選手などが殿堂入りしていた。ほかのスポーツからはテニスのクリス・エバート選手、二つの五輪で四つの金を獲得した水泳のジャネット・エバンス選手、フィギュアスケートの金メダリストのカタリナ・ビット選手、ソウル五輪の七種競技と走り幅跳びで金のジャッキー・ジョイナー・カーシー選手なども選ばれています。

すべてのスポーツを対象とした殿堂入りは、ゴルフの世界以外の人たちにも認めてもらったということになるので、違う喜びがあります。

文化功労者

連絡を受けたのは、マスターズGCレディースのプロアマに出場のため兵庫県のマスターズゴルフ倶楽部にいた二〇一四年十月二十一日でした。都内の私の事務所から「文化功労者に決まった」と聞かされました。すごく驚いたし、うれしかったです。

文化功労者は、学術的な分野などでがんばっている人が多くて、自分には縁遠い世界のことと思っていました。それに選ばれたのだから喜びはひとしお。周りの反響も大きかったです。

事務所や日本女子プロゴルフ協会（LPGA）の電話は鳴りっぱなしで、何百通もの祝電もよせられました。祝いの花も次々に届いて、置き場がないぐらいでした。それを見て初めて自分でも「すごいことになった」と実感したし、重く受け止めております。

選ばれた理由はメジャーの全米女子プロゴルフ選手権の優勝をはじめとする選手としての活躍と、LPGAの会長としてスポーツ文化の発展に貢献したというものです。

スポーツの分野での文化功労者は私で十一人目と聞いています。ゴルフ界からは初めてです。五輪で活躍した水泳の前畑秀子さんや古橋広之進さん、陸上の織田幹雄さん、プロ野球の川上哲治さん、長嶋茂雄さん、王貞治さん、相撲の横綱だった大鵬幸喜さんなどそうそうたる方々です。その一員に加われただけでも名誉だと思っています。

二〇〇七年に紫綬褒章を受章したときも、今回もそうですが、これは私一人ではできないことです。私を支えてくれた方々のおかげだと思っています。

ゴルフを始めたときから中村寅吉先生に指導を受け、現在の私があるし、協会の会長となってからは多くの人たちに支えられ、その時々に良きアドバイスをたくさんいただきました。そして大会のスポンサーにも大変感謝をしています。

ゴルフという素晴らしいスポーツに巡り合え、大変なものをいただいたのだから「これまで以上にスポーツ文化の発展のためにがんばっていこう」とあらためて感じています。

プロゴルファーになって四十七年。ゴルフが大好きで、一日でも長くやりたいし、まだまだうまくなりたいと思っています。これからもゴルフとともに歩んでいきます。

樋口久子の軌跡

1945年10月　父武夫、母安代の五女として埼玉県川越市に生まれる。
64年3月　高校を卒業後、川越ＣＣで中村寅吉プロに師事する。
67年10月　第1回女子プロテストにトップで合格する。
68年7月　第1回日本女子プロゴルフ選手権に優勝、同年から7連覇を達成する。
同12月　第1回日本女子オープン（当時ＴＢＳ女子オープン）優勝、同年から4連覇する。
69年11月　第2回日本女子オープンで、日本女子プロ競技史上初のホールインワンを記録する。
70年4月　国内で戦いながら米女子プロゴルフツアーに三カ月間、参戦する。
74年2月　豪州女子オープンで海外初優勝。７６年には英のコルゲート欧州女子オープンで海外2勝目をあげる。
77年6月　全米女子プロゴルフ選手権に優勝する。米女子ツアーに参戦して8年目、通算40勝目の快挙だった。
79年　10年間の米ツアーを卒業し、国内ツアーに専念する。
83年9月　日本女子プロゴルフ選手権で国内初の予選落ち。
88年2月　42歳の高齢で長女を出産。
90年8月　ａｎクイーンズで産休から復帰後の優勝を決める。
97年2月　日本女子プロゴルフ協会の会長に就任。
2003年10月　ゴルファーとして最大の名誉の世界ゴルフ殿堂入りする。
07年11月　紫綬褒章を受章。
11年2月　14年間務めた会長職を離れ、相談役に就任。
13年12月　日本プロゴルフ殿堂入りする。
14年11月　ゴルフ界で初めて文化功労者に選ばれる。
14年12月　川越市民栄誉章を受章。

あとがき

「樋口さんにとって、ゴルフとは何ですか」と、よく聞かれることがあります。そんな時には「私の青春時代が、すべて詰まっている。人生そのものです」と答えることにしています。

若いころにゴルフと出会い、中村寅吉先生という良き指導者に恵まれ、わきめもふらずゴルフ一筋に打ち込んできました。「上手くなりたい」「女子ゴルフをメジャーなスポーツにしたい」。その一心でした。気がつけばゴルフを始めてから五十年以上が過ぎます。

コツコツと努力することが好きな私にとって、練習をすれば、しただけその成果が出るゴルフというスポーツにめぐり会えたことは幸運で、プロゴルファーは自分にあった職業だと思っています。

日本だけでなく、世界を舞台に戦うこともできました。メジャー大会の全米女子プロゴルフ選手権の優勝を含め、国内外で七十二勝もあげることができ、日本女子プロゴルフ協会の会長も十四年間務めさせていただきました。おかげでアジアでは初めての世界ゴルフ殿堂入りもできました。

この間に日本の女子プロゴルフ界も大きく発展しました。私たちが、一期生としてプロ生活をスタートさせたころのことを考えると、まるで夢のようです。

私の歩んできたゴルフ人生を東京新聞から「この道」に連載しませんかと依頼されました。日ごろ、ほとんど文章を書く機会がなかっただけに、正直言ってできるかどうか、不安はありました。

それでも連載が始まると、ゴルフ関係者や読者の方から「わかりやすくて、とても面白い」といった声もかけてもらい、そうした激励の言葉一つ一つが自信につながり、およそ四か月間の連載を何とか終えることが出来ました。

連載中にはゴルフ界では初めての「文化功労者」にも選ばれました。私にとって大変名誉なことで、身に余る光栄だと思っています。これもゴルフを続けてきたおかげと感謝しています。

六十九歳になった今でもゴルフに対する情熱は、衰えることはありません。もっと上手くなりたいとさえ思っています。これからの人生もゴルフとともに歩んでいきたいと思っています。そんな思いを込めてタイトルも「チャコのゴルフ人生――その軌跡」とつけさせていただきました。

最期にこの本を刊行するにあたり、女子プロゴルフを支えてくれている多くのゴルフファンと連載の機会を与えていただいた東京新聞の鈴木遍理運動部長、連載を担当していただいた沢田隆良記者、写真部の堀内洋助記者、出版部の山崎奈緒美さんに感謝をしたいと思います。

二〇一四年十二月

樋口久子

本書は二〇一四年九月八日から十二月二十日まで、東京新聞・中日新聞夕刊「この道」に連載したものに補足・再構成したものです。